Deine exklusiven Vorteile auf einen Blick

Das Rundum-Sorglos-Paket: Unsere Online-Testtrainer enthalten alle wichtigen Bereiche und Materialien, die du für deine Prüfung benötigst.

Kein Abo: Unser Versprechen für dich: Dir entstehen keine Zusatzkosten. Mit dem Kauf deines Paketes bekommst du Zugriff auf deinen Kurs. Und zwar ein Leben lang und auf so vielen Geräten, wie du willst!

Erstklassiger Support: Das TestHelden-Team steht dir natürlich für Fragen zur Verfügung. Du kannst uns per Discord, Whatsapp oder per E-Mail erreichen.

Immer auf dem neusten Stand: Dein Testtrainer aktualisiert sich automatisch. Alle Inhalte werden regelmäßig ergänzt und überarbeitet.

Unabhängig lernen: Egal auf Tablet, Computer oder Smartphone – dein Testtrainer ist immer zur Stelle, wenn du ihn brauchst. Du kannst rund um die Uhr lernen und alle Aufgaben so oft üben, wie du möchtest.

Lebendige und exklusive Community: Als TestHelden-Kunde bist du Teil unserer großartigen Community. Du kannst mit anderen Absolventen ins Gespräch kommen, dich austauschen und Erfahrungen und Materialien teilen.

Bergeweise Fragen und Materialien: Dein Testtrainer enthält tausende Aufgaben aus allen wichtigen Bereichen. Neben Artikeln und Tests stehen dir auch zahlreiche professionelle Erklär- und Lernvideos zur Verfügung. Vorbereiten war nie einfacher!

In fünf Schritten zum bestandenen Test!

1

Bestell dir jetzt dein passendes Buch!

Wenn du dein Buch in den Händen hältst, dann hast du den ersten Schritt schon geschafft. Du hast ein passendes Produkt für dich gefunden und bist bereit, mit deiner Vorbereitung zu starten.

2

Erkunde das Buch.

Das Buch enthält eine Reihe von Kapiteln, um dich zu unterstützen. Es lohnt sich, einfach ein wenig in den Kapiteln zu stöbern.

3

Löse deinen Gutscheincode ein und lade die App herunter!

Mit dem Kauf dieses Buches hast du automatisch auch einen Gutschein für unseren Online-Testtrainer erhalten. Den Gutschein und eine Anleitung findest du am Ende des Buches. Mit dem Online-Testtrainer kannst du per App oder Website digital lernen – wann und wo du willst. Der Testtrainer aktualisiert sich automatisch, wenn sich im Testverfahren etwas ändert. Du bist also immer auf dem neusten Stand! Genial, oder?

4

Finde Lernpartner und lerne unsere Community kennen!

Austausch ist der Schlüssel für erfolgreiches Lernen. Deshalb haben wir für dich eine Community gegründet – wahlweise direkt bei uns im Forum oder auf unserem Discord-Server. In der Community kannst du dich mit anderen Menschen austauschen, vernetzen und ins Gespräch kommen.

5

Starte dein Online-Training

Bereit zum Durchstarten? Beginne dein digitales Training per App oder Website. Unsere Community und das TestHelden-Team steht dir bei Fragen jederzeit zur Verfügung. Wir freuen uns auf dich!

Lokführer Einstellungstest bestehen

Online-Testtrainer inkl. App I + 5.000 Aufgaben mit Lösungen, Erfahrungsberichte, Austausch in Community uvm!

Lokführer Einstellungstest bestehen
Online-Testtrainer inkl. App I + 5.000 Aufgaben mit Lösungen, Erfahrungsberichte, Austausch in Community uvm!

Herausgeber:
eHEROES GmbH
Vertretungsberechtigter Geschäftsführer:
Tom Wenk
Sitz: D-08412 Werdau,
August-Bebel-Straße 3

1. Auflage

Weitere Kontaktinformationen:
https://testhelden.com

E-Mail: support@testhelden.com
WhatsApp/Telefon: +49 173 72 680 05
YouTube: @TestHelden
Instagram: @TestHelden.Official
Pinterest: @TestHelden
FaceBook: @TestHelden

ISBN: 978-3-98540-736-1
Verlagsnummer: 978-3-98540

Inhalt

Übungsmaterialien 8

Übung: Fachwissen Bahn 9
Aufgaben 10
Lösungen 15
Selbsteinschätzung 18

Übung: Liniennetz der DB 19
Aufgaben 20
Lösungen 25
Selbsteinschätzung 28

Übung: Matrizen 29
Aufgaben 30
Lösungen 41
Selbsteinschätzung 48

Übung: Matrizen II 49
Aufgaben 50
Lösungen 61
Selbsteinschätzung 67

Übung: Wortbedeutung 68
Aufgaben 69
Lösungen 74
Selbsteinschätzung 77

Übung: Zahlenreihe 78
Aufgaben 79
Lösungen 85
Selbsteinschätzung 89

Übung: Zahlenreihen für Fortgeschrittene 90
Aufgaben 91
Lösungen 97
Selbsteinschätzung 101

Übung: Das unpassende Wort finden 102
Aufgaben 103
Lösungen 108
Selbsteinschätzung 111

Übung: Rechnen 112
Aufgaben 113
Lösungen 119
Selbsteinschätzung 121

Übung: Symbolraster vergleichen 122
Aufgaben 123
Lösungen 133
Selbsteinschätzung 136

Übung: Ergebnisse schätzen 137
Aufgaben 138
Lösungen 143
Selbsteinschätzung 146

Übung: Ergebnisse schätzen für Fortgeschrittene 147
Aufgaben 148

Lösungen ... 153
Selbsteinschätzung ... 157

Übung: Stadtplan merken ... *158*
Aufgaben ... 160
Lösungen ... 165
Selbsteinschätzung ... 166

Übung: Dreisatz ... *167*
Aufgaben ... 168
Lösungen ... 174
Selbsteinschätzung ... 181

Übung: Würfel drehen ... *182*
Aufgaben ... 183
Lösungen ... 194
Selbsteinschätzung ... 198

Übung: Zahnrad ... *199*
Aufgaben ... 200
Lösungen ... 211
Selbsteinschätzung ... 214

Übung: Dominosteine ... *215*
Aufgaben ... 216
Lösungen ... 227
Selbsteinschätzung ... 230

Übung: Flächen zählen ... *231*
Aufgaben ... 232
Lösungen ... 243
Selbsteinschätzung ... 246

So schaltest du deinen Online-Testtrainer frei ... 247

Übrigens: Das sind nur einige der Themen, die dir in diesem Trainingspaket zur Verfügung stehen. Mit dem Kauf dieses Buches erhältst du exklusiv tausende weitere Übungen zu vielen spannenden Themengebieten.

Eine Anleitung dazu, wie du diese Inhalte freischalten kannst, findest du auf den hinteren Seiten des Buches.

Übungsmaterialien

Übung: Fachwissen Bahn

Darum geht es in dieser Übung: In diesem Themenbereich wirst du rund um das Thema Bahn geprüft. Dein Lernziel ist es, die Aufgaben und Strukturen Bahn zu verstehen.

Tipp: Wie immer kannst du diese Seite hier nutzen, um dir einige Notizen zu machen. Du kannst zum Beispiel festhalten, welche Erwartungen du an den Test hast, was dir beim Üben aufgefallen ist oder was dir besonders schwer oder leicht gefallen ist.

🚀 Deine Notizen:

Aufgaben

Frage 1:

Wie berechnet man den Gefahrenbremsweg?

- ☑ A: ((v : 10) * (v : 10)) : 2
- ☐ B: ((v - 10) * (10 - v)) : 2
- ☐ C: (v : 10) * (v : 10)
- ☐ D: ((v : 10) - (v : 10)) : 2

Frage 2:

Welcher Bahnhof ist der größte Bahnhof (nach Passagieren) der Welt? (Stand 2024)

- ☐ A: Grand Central Terminal, NYC
- ☑ B: Shinjuku, Tokio
- ☐ C: Roma Termini, Rom
- ☐ D: Hauptbahnhof München

Frage 3:

Was heißt PZB?

- ☑ A: Punktförmige Zugbeeinflussung
- ☐ B: Personenzugbeförderung
- ☐ C: Personenzugbeeinflussung
- ☐ D: Pfeilförmige Zugbegleitspur

Frage 4:

Welche Spurbreite wird von der Bahn in Deutschland überwiegend genutzt?

- ☑ A: Die übliche Spurbreite von 1.435 mm.
- ☐ B: Die übliche Spurbreite von 1.835 mm.
- ☐ C: Die übliche Spurbreite von 2.000 mm.

Frage 5:

Das Signal zeigt grün. Eine gelbe Lampe leuchtet rechts unten zusätzlich auf. Was bedeutet das für den Zugführer?

- ☐ A: Sofort anhalten
- ☐ B: Halteverbot
- ☐ C: Vorfahrt gewähren
- ☑ D: Langsam fahren

Frage 6:

Welchen Abstand haben die Schwellen von Schienen in Deutschland gewöhnlicherweise?

- ☐ A: 120 cm
- ☑ B: 60 cm
- ☐ C: 180 cm
- ☐ D: 30 cm

Frage 7:

Was heißt die Abkürzung HS?

- ☐ A: Haltestelle
- ☒ B: Hauptschalter
- ☑ C: Hauptsignal
- ☐ D: Heimstrecke

Frage 8:

Welche ist die längste Eisenbahnstrecke der Welt?

- ☐ A: Moskau - Peking
- ☐ B: Orientexpress
- ☐ C: Vancouver - Toronto
- ☑ D: Transsibirische Eisenbahn

Frage 9:

Aus welchem Material bestehen Eisenbahnräder heute?

- ☐ A: Aluminium
- ☐ B: Kupfer
- ☐ C: Silber
- ☑ D: Stahl

Frage 10:

Wann wurden erstmals eiserne Schienen anstatt hölzernen Schienen verlegt?

- ☐ A: 1620
- ☒ B: 1750
- ☐ C: 1910
- ☑ D: 1860

Frage 11:

Welche Normalspurbreite gilt in Mitteleuropa?

- ☑ A: 1435 mm
- ☐ B: 1790mm
- ☐ C: 1150mm
- ☐ D: 2050mm

Frage 12:

Wofür steht die Abkürzung "ICE"?

- ☐ A: Interregionalexpress
- ☐ B: Intanational City-Eisenbahn
- ☑ C: Intercityexpress
- ☐ D: Indian City Express

Frage 13:

Wo befindet sich das größte Eisenbahnnetz der Welt?

- ☒ A: China
- ☒ B: USA
- ☐ C: Russland
- ☐ D: Kanada

Frage 14:

Seit wann existiert das Unternehmen Deutsche Bahn in seiner heutigen Form als Aktiengesellschaft?

- ☒ A: 1994
- ☐ B: 1984
- ☒ C: 2004
- ☐ D: 1974

Frage 15:

Wie lang war der jemals existente Zug "Australian BHP Iron Ore Train" im Jahr 2001?

- ☒ A: 3461m
- ☐ B: 5607m
- ☒ C: 7353m
- ☐ D: 9649m

Frage 16:

Zwischen welchen beiden Städten verlief die erste deutsche Eisenbahnstrecke?

- ☐ A: Nürnberg und München
- ☐ B: Fürth und München
- ☒ C: Nürnberg und Fürth
- ☐ D: Nürnberg und Bamberg

Frage 17:

Welche Bedienungseinrichtung löst bei Nichtbetätigung eines Schalters in einer bestimmten Zeit eine Zwangsbremsung aus?

- ☐ A: Indus
- ☑ B: Sifa
- ☐ C: ZB
- ☐ D: ZWBR

Frage 18:

Was bedeutet "Streustrom"?

- ☐ A: das Entstehen eines elektrischen Feldes um einen Kondensator
- ☑ B: das unerwünschte Auftreten eines elektrischen Potentials zwischen zwei Objekten
- ☐ C: die Verteilung von Strom über Leitungen
- ☐ D: das Wechseln der Stromspannung innerhalb eines Leiters

Frage 19:

Wo befindet sich das kleinste Eisenbahnnetz der Welt?

- ☐ A: Fidschi
- ☐ B: El Salvador
- ☑ C: Vatikan
- ☐ D: Mali

Lösungen

Aufgabe 1:

Korrekt ist hier A.

Aufgabe 2:

Korrekt ist hier B.

Aufgabe 3:

Korrekt ist hier A.

Aufgabe 4:

Korrekt ist hier A.

Aufgabe 5:

Korrekt ist hier D.

Aufgabe 6:

Korrekt ist hier B.

Aufgabe 7:

Korrekt ist hier B.

Aufgabe 8:

Korrekt ist hier D.

Aufgabe 9:

Korrekt ist hier D.

Aufgabe 10:

Korrekt ist hier B.

Aufgabe 11:

Korrekt ist hier A.

Aufgabe 12:

Korrekt ist hier C.

Aufgabe 13:

Korrekt ist hier B.

Aufgabe 14:

Korrekt ist hier A.

Aufgabe 15:

Korrekt ist hier C.

Aufgabe 16:

Korrekt ist hier C.

Aufgabe 17:

Korrekt ist hier B.

Aufgabe 18:

Korrekt ist hier B.

Aufgabe 19:

Korrekt ist hier C.

Selbsteinschätzung

Fachwissen Bahn

Auf dieser Seite kannst du deinen Lernfortschritt dokumentieren. Das hilft dir dabei, deinen Lernfortschritt zu reflektieren und ein Gefühl dafür zu bekommen, wie sicher du in diesem Themenbereich bereits bist.

Die Aufgaben dieses Tests fielen mir leicht.

○ Stimme gar nicht zu — ○ Stimme eher nicht zu — ○ Ich bin neutral — ○ Stimme eher zu — ○ Stimme voll zu

---

Die Aufgaben, bei denen ich mir sicher war, waren dann auch richtig.

○ Stimme gar nicht zu — ○ Stimme eher nicht zu — ○ Ich bin neutral — ○ Stimme eher zu — ○ Stimme voll zu

---

Ich habe die Aufgabenstellung immer gut verstanden.

○ Stimme gar nicht zu — ○ Stimme eher nicht zu — ○ Ich bin neutral — ○ Stimme eher zu — ○ Stimme voll zu

---

Ich war beim Lösen der Aufgaben schnell.

○ Stimme gar nicht zu — ○ Stimme eher nicht zu — ○ Ich bin neutral — ○ Stimme eher zu — ○ Stimme voll zu

---

Ich habe eine gute Strategie entwickelt, wie ich an die Aufgabe herangehen kann.

○ Stimme gar nicht zu — ○ Stimme eher nicht zu — ○ Ich bin neutral — ○ Stimme eher zu — ○ Stimme voll zu

TestHelden Discord-Community

Schon gewusst? Am besten lernt es sich gemeinsam. Deshalb bieten wir dir die Möglichkeit, dich mit Anderen zu vernetzen. Teile jetzt deine Ergebnisse in unserer Lerngruppe auf Discord und lass uns in den Austausch treten! Schreibe in deine Nachricht einfach das Stichwort "Lernfortschritt" und den Namen des Tests.

Zu unseren Lerngruppen geht es hier:
www.testhelden.com/discord

Übung: Liniennetz der DB

Darum geht es in dieser Übung: Dieser Test macht dich mit dem Liniennetz der DB vertraut. Dein Lernziel ist es, die wichtigsten Bahnverbindungen zu kennen. Schau dir dazu am besten das Liniennetz vorher in Ruhe an. Eine aktuelle Übersicht findest du unter https://www.bahn.de/service/fahrplaene/streckennetz (Quelle: Bahn.de).

Tipp: Wie immer kannst du diese Seite hier nutzen, um dir einige Notizen zu machen. Du kannst zum Beispiel festhalten, welche Erwartungen du an den Test hast, was dir beim Üben aufgefallen ist oder was dir besonders schwer oder leicht gefallen ist.

Deine Notizen:

Aufgaben

Frage 1:

Welche dieser Städte ist - gemessen an der Zahl der Verbindungen - der Hauptverkehrsknotenpunkt in Norddeutschland?

- ☐ A: Rostock
- ☐ B: Bremen
- ☐ C: Kiel
- ☒ D: Hamburg

Frage 2:

Welche dieser Städte verfügen über ICE-Verbindungen?

- ☒ A: Frankfurt am Main
- ☒ B: Karlsruhe
- ☒ C: Dortmund
- ☒ D: Essen

Frage 3:

Köln ist ein stark frequentierter Fernverkehrsbahnhof. Es bestehen direkte Verbindungen per ICE- und IC nach Berlin, München und Mannheim.

- ☒ A: Diese Aussage ist richtig.
- ☐ B: Diese Aussage ist falsch.

Frage 4:

Berlin ist über eine ICE / IC - Verbindung direkt mit Hannover verbunden.

- ☒ A: Diese Aussage ist richtig.
- ☐ B: Diese Aussage ist falsch.

Frage 5:

Welche dieser Städte können mehrmals stündlich per ICE erreicht werden?

- ☐ A: Berlin und Wolfsburg
- ☐ B: Leipzig und Erfurt
- ☐ C: München und Nürnberg
- ☐ D: Leipzig und Dresden

Frage 6:

Welche dieser Städte ist - gemessen an der Zahl der Verbindungen - der Hauptverkehrsknotenpunkt in Westdeutschland?

- ☐ A: Köln
- ☐ B: Berlin
- ☐ C: Mannheim
- ☐ D: Duisburg

Frage 7:

Strasbourg erreicht man per IC / ICE umstiegsfrei von ___ aus.

- ☐ A: Karlsruhe
- ☐ B: Stuttgart
- ☐ C: Mannheim
- ☐ D: Frankfurt am Main

Frage 8:

Wien erreicht man per IC / ICE umstiegsfrei von ___ aus.

- ☐ A: Karlsruhe
- ☐ B: Hannover
- ☐ C: Nürnberg
- ☐ D: München

Frage 9:

Zwischen welchen Städten bestehen durchgängige Hochgeschwindigkeitsverbindungen, bei denen ICEs bis zu 300km/h fahren dürfen?

- ☒ A: Leipzig und Erfurt
- ☒ B: Frankfurt und Bonn
- ☐ C: München und Hamburg
- ☐ D: Berlin und Köln

Frage 10:

Welche europäischen Städte sind an das Netz der DB angeschlossen?

- ☒ A: Budapest
- ☒ B: Wien
- ☒ C: Paris
- ☒ D: Amsterdam

Frage 11:

Nürnberg besitzt deutschlandweit die meisten IC- und ICE-Anbindungen.

- ☐ A: Diese Aussage ist richtig.
- ☒ B: Diese Aussage ist falsch.

Frage 12:

Die legendäre ICE-Linie ICE 1 verkehrt zwischen...

- ☒ A: Hamburg und Köln
- ☐ B: Düsseldorf und München
- ☐ C: Berlin und Bonn

Frage 13:

Welche dieser Städte ist - gemessen an der Zahl der Reisenden pro Tag - am wichtigsten?

- ☒ A: Hamburg
- ☒ B: Frankfurt am Main
- ☐ C: München
- ☐ D: Berlin

Frage 14:

Hamburg ist von München aus nur per Umstieg in Berlin erreichbar.

- ☐ A: Diese Aussage ist richtig.
- ☑ B: Diese Aussage ist falsch.

Frage 15:

Leipzig und München sind direkt mit einer ICE-Verbindung verbunden.

- ☑ A: Diese Aussage ist richtig.
- ☐ B: Diese Aussage ist falsch.

Frage 16:

Von welchen Städten aus existieren direkte IC-und ICE-Verbindungen nach Paris?

- ☑ A: Stuttgart
- ☒ B: Mannheim
- ☒ C: Köln
- ☐ D: München

Frage 17:

Luxemburg erreicht man per IC / ICE umstiegsfrei von ___ aus.

- ☑ A: Köln
- ☐ B: Mannheim
- ☐ C: München
- ☐ D: Hannover

Frage 18:

Die Insel Sylt ist nicht per IC oder ICE erreichbar.

- ☐ A: Diese Aussage ist richtig.
- ☐ B: Diese Aussage ist falsch.

Frage 19:

Hamburg ist über eine ICE / IC - Verbindung direkt mit Berlin verbunden.

- ☐ A: Diese Aussage ist richtig.
- ☐ B: Diese Aussage ist falsch.

Frage 20:

Wie heißt der nördlichste Bahnhof, der an das deutsche IC- und ICE-Netz angeschlossen ist?

- ☐ A: Arhus
- ☐ B: Hamburg
- ☐ C: Bremerhaven
- ☐ D: Emden

Lösungen

Aufgabe 1:

Korrekt ist hier D.

Aufgabe 2:

Korrekt ist hier A und B und C und D.

Aufgabe 3:

Korrekt ist hier A.

Aufgabe 4:

Korrekt ist hier A.

Aufgabe 5:

Korrekt ist hier A und B und C.

Aufgabe 6:

Korrekt ist hier A.

Aufgabe 7:

Korrekt ist hier A und B und C und D.

Aufgabe 8:

Korrekt ist hier C und D.

Aufgabe 9:

Korrekt ist hier A und B.

Aufgabe 10:

Korrekt ist hier A und B und C und D.

Aufgabe 11:

Korrekt ist hier B.

Aufgabe 12:

Korrekt ist hier A.

Aufgabe 13:

Korrekt ist hier A.

Aufgabe 14:

Korrekt ist hier B. Es existiert eine umstiegsfreie Direktverbindung über Berlin.

Aufgabe 15:

Korrekt ist hier A.

Aufgabe 16:

Korrekt ist hier A und B.

Aufgabe 17:

Korrekt ist hier A.

Aufgabe 18:

Korrekt ist hier B.

Aufgabe 19:

Korrekt ist hier A.

Aufgabe 20:

Korrekt ist hier A.

Selbsteinschätzung

Liniennetz der DB - Test

Auf dieser Seite kannst du deinen Lernfortschritt dokumentieren. Das hilft dir dabei, deinen Lernfortschritt zu reflektieren und ein Gefühl dafür zu bekommen, wie sicher du in diesem Themenbereich bereits bist.

Die Aufgaben dieses Tests fielen mir leicht.

○ Stimme gar nicht zu | ○ Stimme eher nicht zu | ○ Ich bin neutral | ○ Stimme eher zu | ○ Stimme voll zu

Die Aufgaben, bei denen ich mir sicher war, waren dann auch richtig.

○ Stimme gar nicht zu | ○ Stimme eher nicht zu | ○ Ich bin neutral | ○ Stimme eher zu | ○ Stimme voll zu

Ich habe die Aufgabenstellung immer gut verstanden.

○ Stimme gar nicht zu | ○ Stimme eher nicht zu | ○ Ich bin neutral | ○ Stimme eher zu | ○ Stimme voll zu

Ich war beim Lösen der Aufgaben schnell.

○ Stimme gar nicht zu | ○ Stimme eher nicht zu | ○ Ich bin neutral | ○ Stimme eher zu | ○ Stimme voll zu

Ich habe eine gute Strategie entwickelt, wie ich an die Aufgabe herangehen kann.

○ Stimme gar nicht zu | ○ Stimme eher nicht zu | ○ Ich bin neutral | ○ Stimme eher zu | ○ Stimme voll zu

Übung: Matrizen

Darum geht es in dieser Übung: In diesem Themenbereich findest du Aufgaben zum Thema Matrizen. Dein Lernziel ist es, das System von Matrizen zu verstehen und weiterführen zu können.

♫ Zu diesem Test findest du Medieninhalte direkt in deinem Online-Kurs.

Tipp: Wie immer kannst du diese Seite hier nutzen, um dir einige Notizen zu machen. Du kannst zum Beispiel festhalten, welche Erwartungen du an den Test hast, was dir beim Üben aufgefallen ist oder was dir besonders schwer oder leicht gefallen ist.

Deine Notizen:

Aufgaben

Frage 1:

Welche Darstellung passt in das freie Feld?

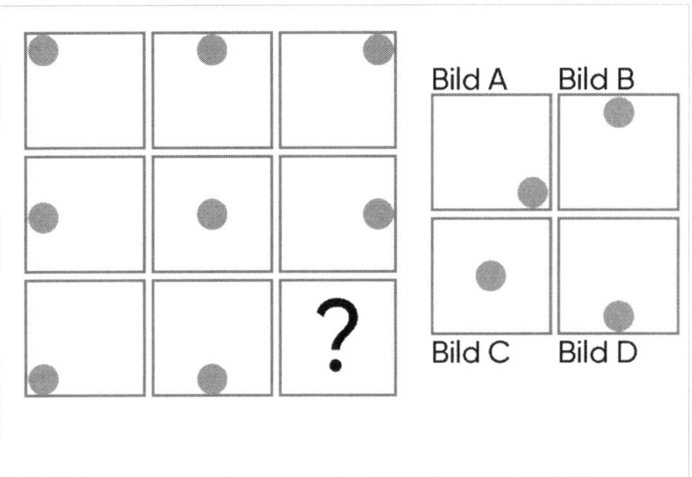

A: Bild A

B: Bild B

C: Bild C

D: Bild D

Frage 2:

Welche Darstellung passt in das freie Feld?

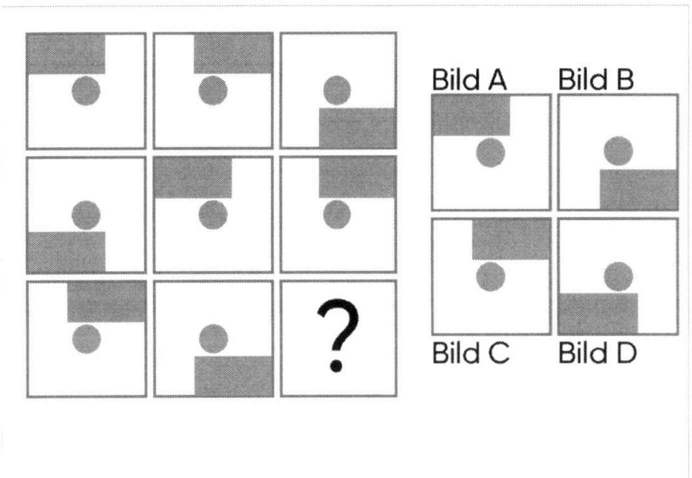

A: Bild A

B: Bild B

C: Bild C

D: Bild D

Frage 3:

Welches Bild passt in das Feld mit dem Fragezeichen?

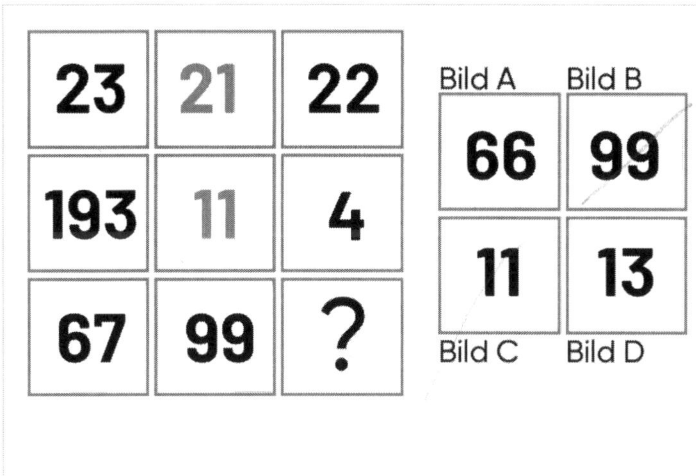

A: Bild A

B: Bild B

C: Bild C

D: Bild D

Frage 4:

Welche Darstellung passt in das freie Feld?

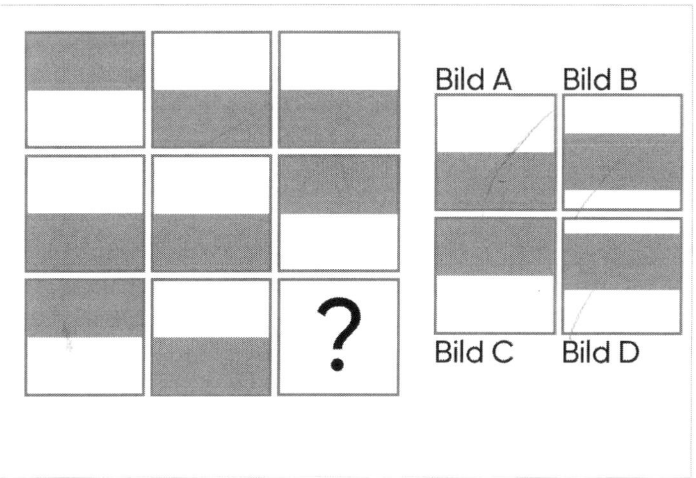

A: Bild A

B: Bild B

C: Bild C

D: Bild D

Frage 5:

Welche Darstellung passt in das freie Feld?

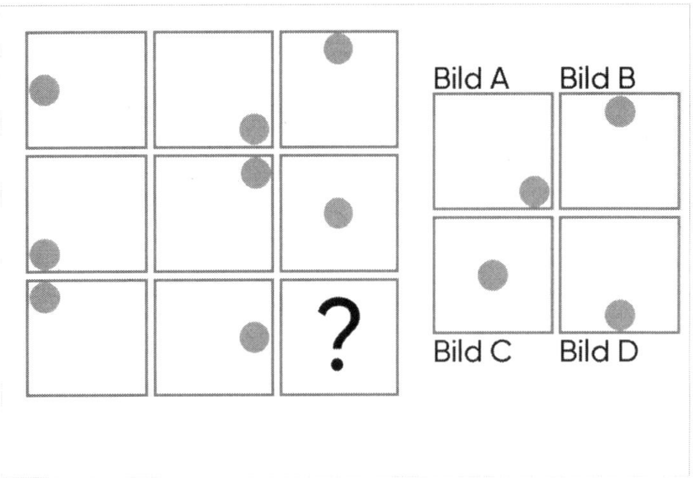

A: Bild A

B: Bild B

C: Bild C

D: Bild D

Frage 6:

Welche Darstellung passt in das freie Feld?

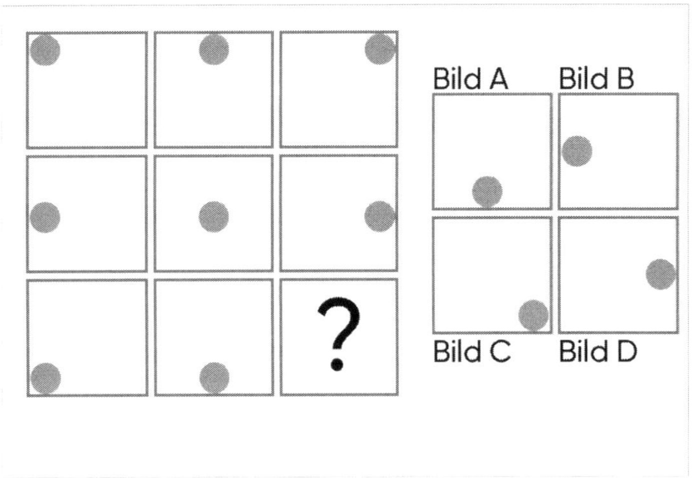

A: Bild A

B: Bild B

C: Bild C

D: Bild D

Frage 7:

Welche Darstellung passt in das freie Feld?

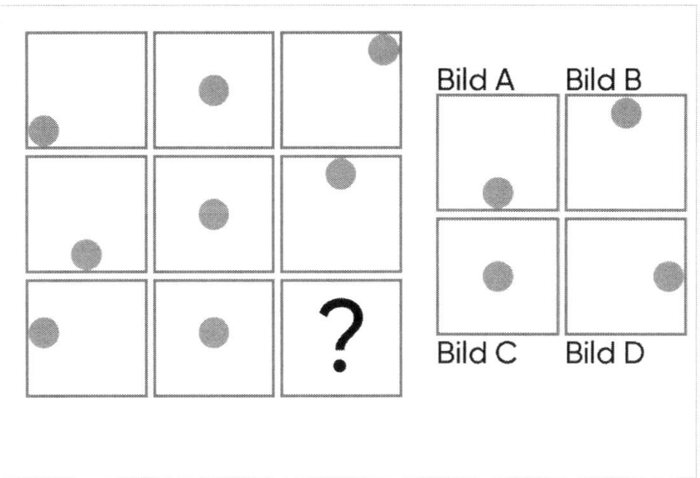

A: Bild A

B: Bild B

C: Bild C

D: Bild D

Frage 8:

Welche Darstellung passt in das freie Feld?

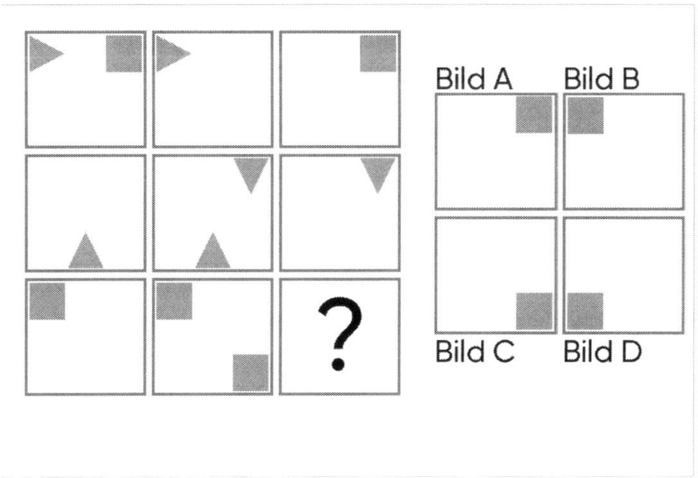

A: Bild A

B: Bild B

C: Bild C

D: Bild D

Frage 9:

Welches Symbol fehlt an der freien Stelle?

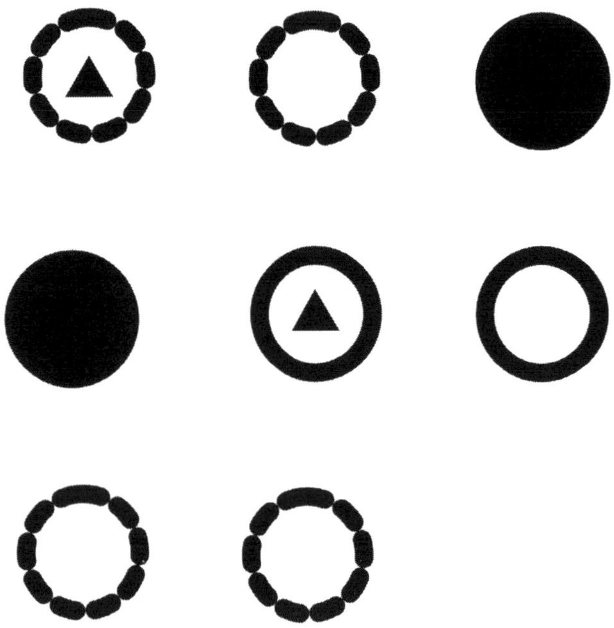

A: gefüllter schwarzer Kreis mit Dreieck

B: gestrichelter Kreis mit Dreieck

C: gefüllter schwarzer Kreis ohne Dreieck

D: gestrichelter Kreis ohne Dreieck

Frage 10:

Welches Bild passt in das Feld mit dem Fragezeichen?

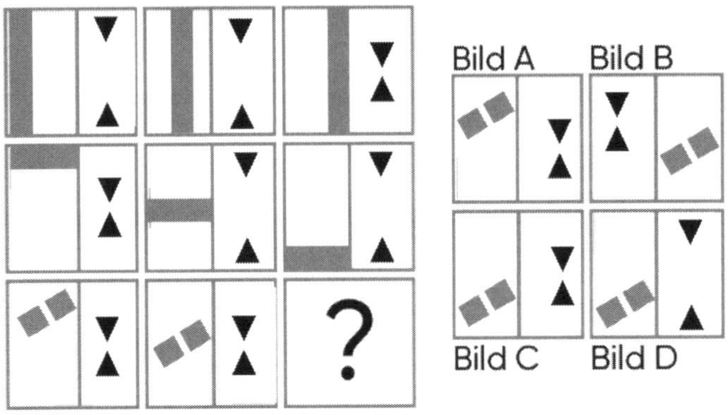

A: Bild A

B: Bild B

C: Bild C

D: Bild D

Frage 11:

Welche Darstellung passt in das freie Feld?

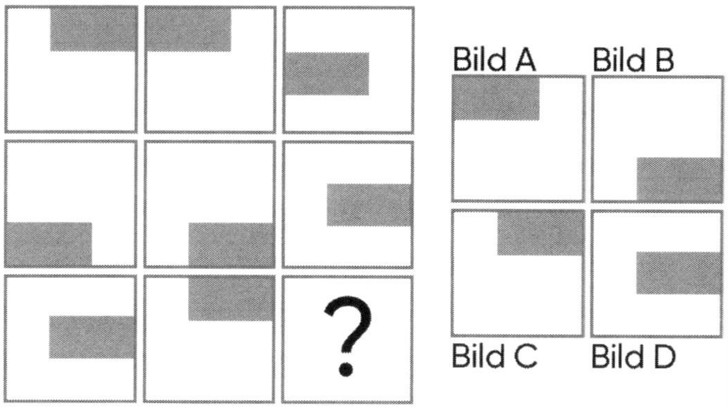

A: Bild A

B: Bild B

C: Bild C

D: Bild D

Frage 12:

Welches Bild passt in das Feld mit dem Fragezeichen?

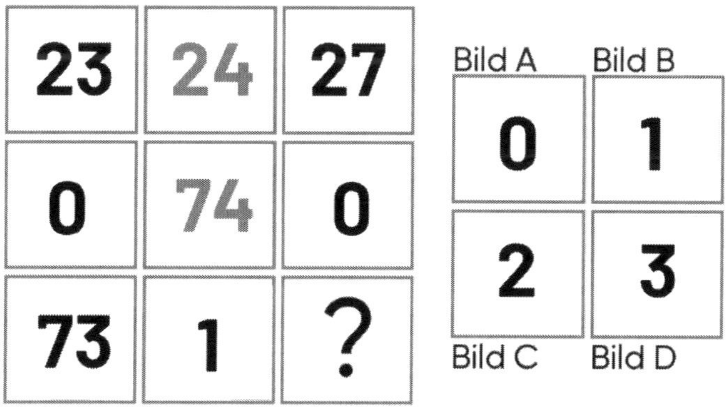

A: Bild A

B: Bild B

C: Bild C

D: Bild D

Frage 13:

Welche Darstellung passt in das freie Feld?

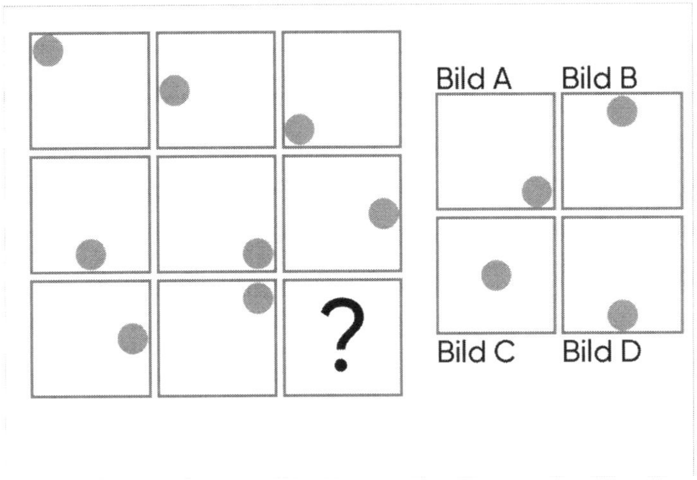

A: Bild A

B: Bild B

C: Bild C

D: Bild D

Frage 14:

Welches Symbol fehlt an der freien Stelle?

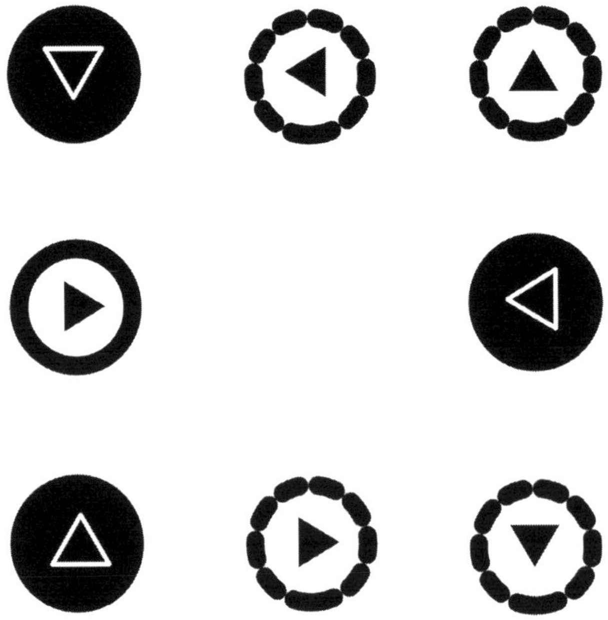

A: Kreis ohne Füllung mit Dreieck, das nach unten zeigt

B: gestrichelter Kreis mit Dreieck

C: Kreis mit gestrichelter Linie und ohne Dreieck

D: gefüllter schwarzer Kreis ohne Dreieck

Frage 15:

Welche Darstellung passt in das freie Feld?

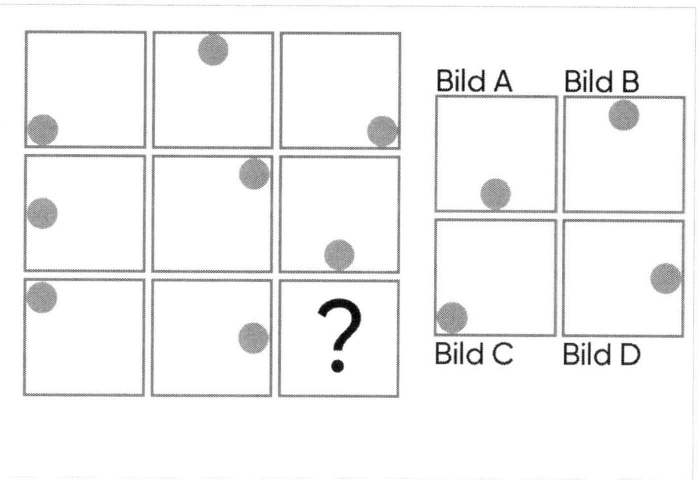

A: Bild A

B: Bild B

C: Bild C

D: Bild D

Frage 16:

Welche Darstellung passt in das freie Feld?

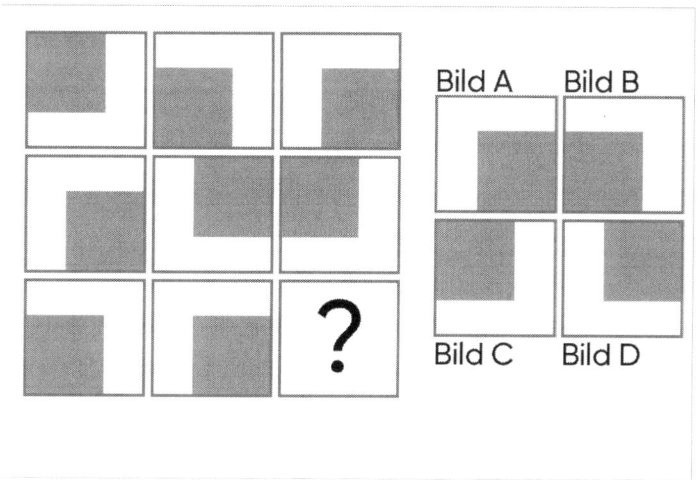

A: Bild A

B: Bild B

C: Bild C

D: Bild D

Frage 17:

Welche Darstellung passt in das freie Feld?

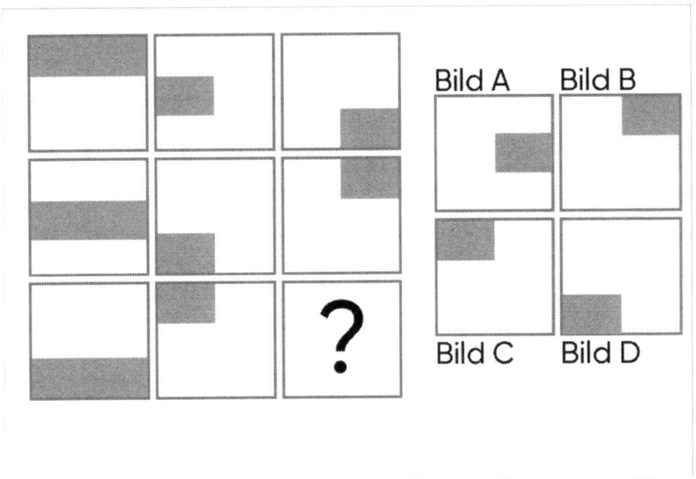

A: Bild A

B: Bild B

C: Bild C

D: Bild D

Frage 18:

Welche Darstellung passt in das freie Feld?

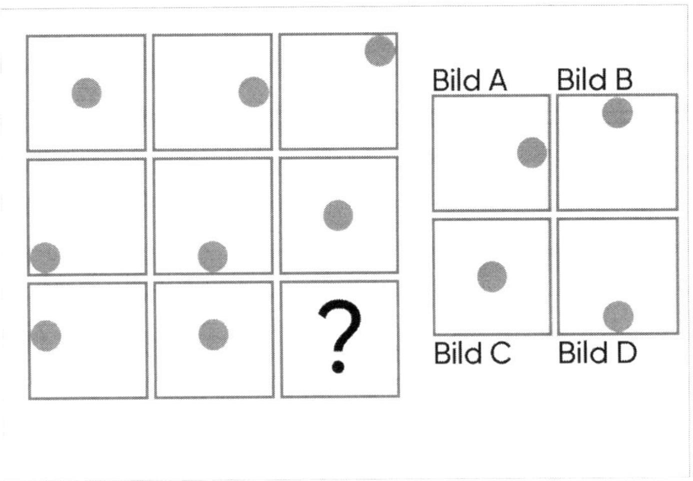

A: Bild A

B: Bild B

C: Bild C

D: Bild D

Frage 19:

Welche Darstellung passt in das freie Feld?

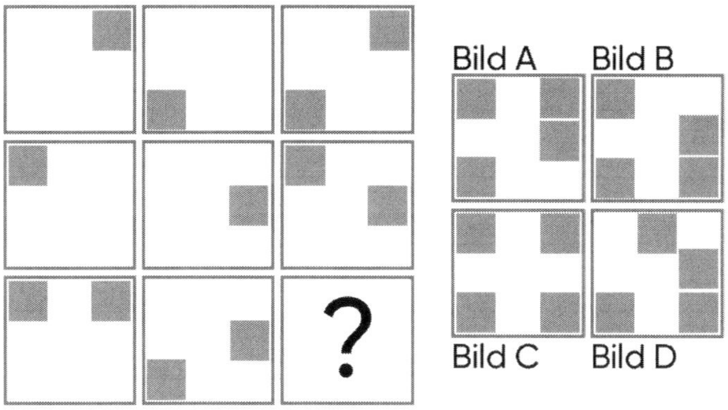

A: Bild A

B: Bild B

C: Bild C

D: Bild D

Frage 20:

Welche Darstellung passt in das freie Feld?

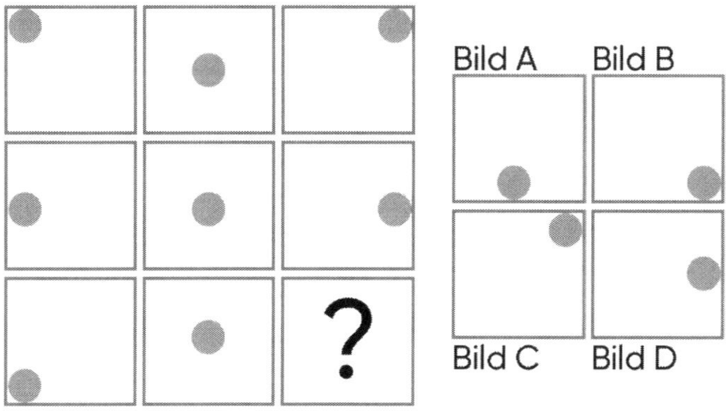

A: Bild A

B: Bild B

C: Bild C

D: Bild D

Lösungen

Aufgabe 1:

💡 Lösungshilfe:
Versuche ein Muster in den Zeilen, Spalten oder in den Diagonalen zu erkennen. Betrachte die Zeilen. In jeder Zeile bleibt die Höhe des Punktes gleich. In jeder Spalte bleibt die seitliche Position des Punktes ebenfalls gleich.

Korrekt ist hier A. Betrachte die Zeilen. In jeder Zeile bleibt die Höhe des Punktes gleich. In jeder Spalte bleibt die seitliche Position des Punktes ebenfalls gleich. Der Punkt muss sich also im gesuchten Feld rechts und unten befinden. Antwort A muss also richtig sein.

Aufgabe 2:

💡 Lösungshilfe:
Versuche ein Muster in den Zeilen, Spalten oder in den Diagonalen zu erkennen. Der Punkt ist in jedem Feld genau mittig. Lass dich vom Punkt also nicht irritieren. Lies stattdessen die Zeilen einzeln. Das Rechteck befindet sich in jeder Reihe zwei Mal auf der selben Höhe. Es kann sich im gesuchten Feld z.B. unten befinden. Die zwei Felder, bei denen sich das Rechteck auf der selben Höhe befindet, unterscheiden sich nur dadurch, dass das Rechtseck eine Position nach rechts oder links rutscht. Wenn man die Spalten einzeln liest, kann man außerdem erkennen, das sich in einer Spalte immer das Rechteck einmal auf der einen Seite und zweimal auf der anderen Seite befindet.

Korrekt ist hier D. Das Rechteck befindet sich in jeder Reihe zwei Mal auf der selben Höhe. Es kann sich im gesuchten Feld also z.B. unten befinden. Die zwei Felder, bei denen sich das Rechteck auf der selben Höhe befindet, unterscheiden sich nur dadurch, dass das Rechtseck eine Position nach rechts oder links rutscht. Wenn man die Spalten einzeln liest, kann man außerdem erkennen, das sich in einer Spalte immer das Rechteck einmal auf der einen Seite und zweimal auf der anderen Seite befindet. Das Rechteck muss sich also unten links befinden. Das ist bei Bild D der Fall.

Aufgabe 3:

Lösungshilfe:
Hier musst du auf einen mathematischen Zusammenhang finden. Allerdings muss hier nicht gerechnet werden. Überlege stattdessen, welche Eigenschaft die Zahlen in den Spalten miteinander teilen.

Korrekt ist hier A. Guck dir die Spalten an. Alle Zahlen einer Spalte sind entweder gerade oder ungerade. Da die 66 die einzige gerade Zahl ist, muss sie richtig sein.

Aufgabe 4:

Lösungshilfe:
Versuche ein Muster in den Zeilen, Spalten oder in den Diagonalen zu erkennen. Die erste und die dritte Zeile sind gleich aufgebaut. Daraus ergibt sich, wo sich der Block im gesuchten Feld befinden muss.

Korrekt ist hier A. Die erste und die dritte Zeile sind gleich aufgebaut. Daraus ergibt sich, wo sich der Block im gesuchten Feld befinden muss. Weil sich der Block in der ersten Zeile im letzten Feld rechts unten befindet, muss sich auch im gesuchten Feld der Block rechts unten befinden. Das ist bei Antwort A der Fall.

Aufgabe 5:

Lösungshilfe:
Versuche ein Muster in den Zeilen, Spalten oder in den Diagonalen zu erkennen. In jeder Reihe kommt jede vertikale Position (oben, unten, mittig) nur einmal vor. In jeder Spalte bewegen sich die Punkte weder nach links noch nach rechts.

Korrekt ist hier D. In jeder Reihe kommt jede vertikale Position (oben, unten, mittig) nur einmal vor. In jeder Spalte bewegen sich die Punkte weder nach links noch nach rechts. Im gesuchten Feld muss sich also der Punkt unten und in der Mitte befinden. Deshalb kommt nur Antwort D in Frage.

Aufgabe 6:

💡 Lösungshilfe:
Versuche ein Muster in den Zeilen, Spalten oder in den Diagonalen zu erkennen. Ist dir aufgefallen, dass in jeder Zeile die Höhe des Punktes gleich bleibt? Außerdem bewegt sich der Punkt in jeder Zeile von links nach rechts.

Korrekt ist hier C. Ist dir aufgefallen, dass in jeder Zeile die Höhe des Punktes gleich bleibt? Außerdem bewegt sich der Punkt in jeder Zeile von links nach rechts. Folglich muss sich beim richtigen Ergebnis der Punkt unten und rechts befinden. Das ist bei Bild C der Fall.

Aufgabe 7:

💡 Lösungshilfe:
Versuche ein Muster in den Zeilen, Spalten oder in den Diagonalen zu erkennen. Liest du Zeile für Zeile, dann kannst du erkennen, dass sich die Punkte von rechts nach links bewegen. Außerdem ändert sich in den beiden ersten Zeilen die Höhe des Punktes. In der dritten Zeile bleibt die Höhe gleich. Deshalb muss sich der Punkt bei der richtigen Lösungen rechts und auf mittlerer Höhe des Feldes befinden.

Korrekt ist hier D. Liest du Zeile für Zeile, dann kannst du erkennen, dass sich die Punkte von rechts nach links bewegen. Außerdem ändert sich in den beiden ersten Zeilen die Höhe des Punktes. In der dritten Zeile bleibt die Höhe gleich. Deshalb muss sich der Punkt bei der richtigen Lösungen rechts und auf mittlerer Höhe des Feldes befinden. Das ist bei Bild D der Fall.

Aufgabe 8:

💡 Lösungshilfe:
Versuche ein Muster in den Zeilen, Spalten oder in den Diagonalen zu erkennen. Hier lässt sich das Muster über die unteren beiden Zeilen erkennen. Im mittleren Feld einer Zeile befinden sich immer zwei Symbole: Das Symbol aus dem Feld links daneben und das Symbol aus dem Feld rechts daneben. Das bedeutet, dass sich im fehlenden Feld ein Quadrat rechts unten befinden muss.

Korrekt ist hier C. Hier lässt sich das Muster über die unteren beiden Zeilen erkennen. Im mittleren Feld einer Zeile befinden sich immer zwei Symbole: Das Symbol aus dem Feld links daneben und das Symbol aus dem Feld rechts daneben. Das bedeutet, dass sich im fehlenden Feld ein Quadrat rechts unten befinden muss. Dass ist bei Bild C der Fall.

Aufgabe 9:

Korrekt ist hier A.

Aufgabe 10:

Lösungshilfe:
Achtung: Hier gibt es einen getrennten Zusammenhang für den linken und den rechten Teil jedes Feldes.

Korrekt ist hier D. Betrachte den rechten und linken Teil jedes Feldes unabhängig. Liest du die linke Hälfte (blaue) zeilenweise, wird dir auffallen, dass sich das blaube Objekt entweder nach unten oder nach rechts bewegt. Das blaue Objekt muss sich im gesuchten Feld also unten befinden. Der rechte Teil jedes Feldes hat folgende Logik. Erst kommen 2x zwei Pfeile mit großem Abstand. Danach kommen 2x zwei Pfeile mit kleinem Abstand und so weiter. Im gesuchten Bild müssen die Pfeile also einen großen Abstand haben. Bild D ist also das gesuchte Bild.

Aufgabe 11:

Lösungshilfe:
Versuche ein Muster in den Zeilen, Spalten oder in den Diagonalen zu erkennen. In jeder Zeile befinden sich zwei Felder, die jeweils dem Spiegelbild des anderen entsprechen. Das kannst du gut in Feld 1 und 2 der ersten Zeile und Feld 1 und 2 der zweiten Zeile beobachten. Das gesuchte Feld ergibt sich also, wenn du das zweite Feld der untersten Zeile horizontal (also von links nach rechts) spiegelst.

Korrekt ist hier A. In jeder Zeile befinden sich zwei Felder, die jeweils dem Spiegelbild des anderen entsprechen. Das kannst du gut in Feld 1 und 2 der ersten Zeile und Feld 1 und 2 der zweiten Zeile beobachten. Das gesuchte Feld ergibt sich entsprechend, wenn du das zweite Feld der untersten Zeile horizontal (also von links nach rechts) spiegelst. Der Block muss sich dann oben links befinden. Bild A muss also das richtige Bild sein.

Aufgabe 12:

Lösungshilfe:
Hier musst du auf einen mathematischen Zusammenhang finden. Versuche z.B., die Zeilen zu addieren.

Korrekt ist hier A. Die Summe jeder Zeile ist immer 74. Daher fehlt die Zahl 0.

Aufgabe 13:

💡 Lösungshilfe:
Versuche ein Muster in den Zeilen, Spalten oder in den Diagonalen zu erkennen. Schau dir die Spalten an. In jeder Spalte befindet sich der Punkt einmal oben, einmal unten und einmal in der Mitte. Im gesuchten Feld muss sich der Punkt also oben befinden.

Korrekt ist hier B. Schau dir die Spalten an. In jeder Spalte befindet sich der Punkt einmal oben, einmal unten und einmal in der Mitte. Im gesuchten Feld muss sich der Punkt also oben befinden. Das ist nur bei Bild B der Fall.

Aufgabe 14:

Korrekt ist hier A.

Aufgabe 15:

💡 Lösungshilfe:
Versuche ein Muster in den Zeilen, Spalten oder in den Diagonalen zu erkennen. Lies die Zeilen von links nach rechts. Mit jedem Schritt wird das Feld um 90 Grad im Uhrzeigersinn gedreht und der Punkt um eine Position nach rechts verschoben.

Korrekt ist hier C. Lies die Zeilen von links nach rechts. Mit jedem Schritt wird das Feld um 90 Grad im Uhrzeigersinn gedreht und der Punkt um eine Position nach rechts verschoben. Der Punkt muss sich im gesuchten Feld also rechts unten befinden. Antwort C ist deshalb richtig.

Aufgabe 16:

Korrekt ist hier D. Schau dir die Zeilen an. Wenn du die Zeilen von links nach rechts liest, wird dir auffallen, dass das Feld mit jedem Schritt um 90° gegen den Uhrzeigersinn gedreht wird. Das Quadrat muss sich im gesuchten Feld also rechts oben befinden. Das ist nur bei Bild D der Fall.

Aufgabe 17:

💡 Lösungshilfe:
Versuche ein Muster in den Zeilen, Spalten oder in den Diagonalen zu erkennen. Probiere hier, die Spalten von oben nach unten zu lesen. Dir wird auffallen, dass sich in jeder Spalte die Markierung in den Kästchen weder nach links noch nach rechts bewegt, sondern lediglich von oben nach unten. Außerdem kommt in jeder Spalte jede vertikale Position immer nur einmal vor.

Korrekt ist hier A. Dir sollte auffallen, dass sich in jeder Spalte die Markierung in den Kästchen weder nach links noch nach rechts bewegt, sondern lediglich von oben nach unten. Außerdem kommt in jeder Spalte jede vertikale Position immer nur einmal vor. Das fehlende Muster muss also eine Markierung in der Mitte des Kästchens haben. Das ist bei Antwort A der Fall.

Aufgabe 18:

💡 Lösungshilfe:
Versuche ein Muster in den Zeilen, Spalten oder in den Diagonalen zu erkennen. Hier kannst du z.B. die Zeilen von links nach rechts lesen. Der Punkt bewegt sich immer erst eine Position nach rechts und anschließend eine Position nach oben.

Korrekt ist hier B. Der Punkt bewegt sich immer erst eine Position nach rechts und anschließend eine Position nach oben. Bei der richtigen Antwort muss der Punkt sich also oben in der Mitte eines Feldes befinden. Das ist bei Antwort B der Fall.

Aufgabe 19:

💡 Lösungshilfe:
Versuche ein Muster in den Zeilen, Spalten oder in den Diagonalen zu erkennen. Lies die Spalten. Du wirst merken, dass das erste und zweite Feld einer Spalte immer das dritte Feld ergibt, wenn man die Symbole addiert.

Korrekt ist hier A. Du wirst merken, dass das erste und zweite Feld einer Spalte immer das dritte Feld ergibt, wenn man die Symbole addiert. Das gesuchte Feld muss also Quadrate oben rechts, unten links, oben links und rechts in der Mitte haben. Das ist nur bei Bild A der Fall.

Aufgabe 20:

Lösungshilfe:
Versuche ein Muster in den Zeilen, Spalten oder in den Diagonalen zu erkennen. Betrachte hier vor allem die Spalten von oben nach unten. Du wirst bemerken, dass sich der Punkt in der ersten und dritten Spalte mit jedem Feld um eine Position nach unten bewegt. Die horizontale Position (links, rechts, mittig) bleibt immer gleich.

Korrekt ist hier B. Du wirst bemerken, dass sich der Punkt in der ersten und dritten Spalte mit jedem Feld um eine Position nach unten bewegt. Der Punkt muss sich also unten befinden. Die horizontale Position bleibt pro Spalte gleich. Also kann nur Bild B richtig sein.

Selbsteinschätzung

Matrizen - Test

Auf dieser Seite kannst du deinen Lernfortschritt dokumentieren. Das hilft dir dabei, deinen Lernfortschritt zu reflektieren und ein Gefühl dafür zu bekommen, wie sicher du in diesem Themenbereich bereits bist.

Die Aufgaben dieses Tests fielen mir leicht.

Stimme gar nicht zu	Stimme eher nicht zu	Ich bin neutral	Stimme eher zu	Stimme voll zu
○	○	○	○	○

Die Aufgaben, bei denen ich mir sicher war, waren dann auch richtig.

Stimme gar nicht zu	Stimme eher nicht zu	Ich bin neutral	Stimme eher zu	Stimme voll zu
○	○	○	○	○

Ich habe die Aufgabenstellung immer gut verstanden.

Stimme gar nicht zu	Stimme eher nicht zu	Ich bin neutral	Stimme eher zu	Stimme voll zu
○	○	○	○	○

Ich war beim Lösen der Aufgaben schnell.

Stimme gar nicht zu	Stimme eher nicht zu	Ich bin neutral	Stimme eher zu	Stimme voll zu
○	○	○	○	○

Ich habe eine gute Strategie entwickelt, wie ich an die Aufgabe herangehen kann.

Stimme gar nicht zu	Stimme eher nicht zu	Ich bin neutral	Stimme eher zu	Stimme voll zu
○	○	○	○	○

Übung: Matrizen II

Darum geht es in dieser Übung: In diesem Themenbereich findest du andere Aufgaben zum Thema Matrizen. Dein Lernziel ist es, das System von Matrizen zu verstehen und weiterführen zu können.

Tipp: Wie immer kannst du diese Seite hier nutzen, um dir einige Notizen zu machen. Du kannst zum Beispiel festhalten, welche Erwartungen du an den Test hast, was dir beim Üben aufgefallen ist oder was dir besonders schwer oder leicht gefallen ist.

Deine Notizen:

Aufgaben

Frage 1:

Welches Symbol fehlt an der freien Stelle?

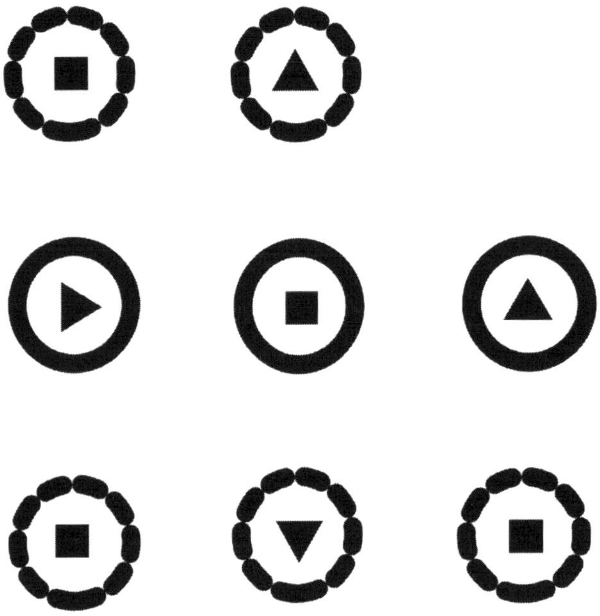

A: Kreis mit gestrichelter Linie, der ein Quadrat enthält

B: gestrichelter Kreis mit Dreieck, das nach links zeigt

C: Kreis mit gestrichelter Linie und ohne Dreieck

D: Kreis ohne Füllung und mit einem Dreieck, das nach rechts zeigt

Frage 2:

Welche Darstellung passt in das Feld mit dem Fragezeichen?

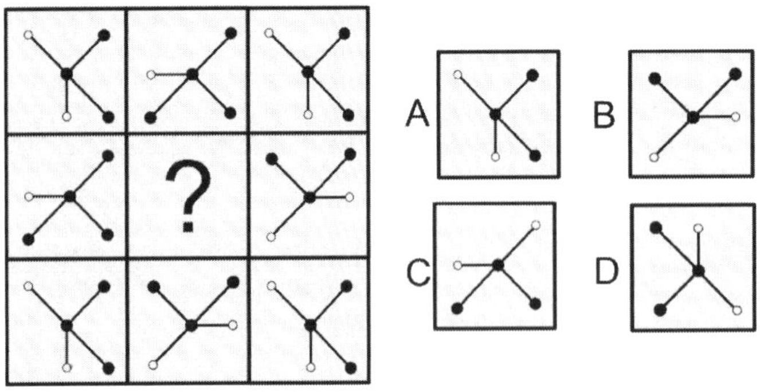

A: Bild A

B: Bild B

C: Bild C

D: Bild D

Frage 3:

Welche Darstellung passt in das Feld mit dem Fragezeichen?

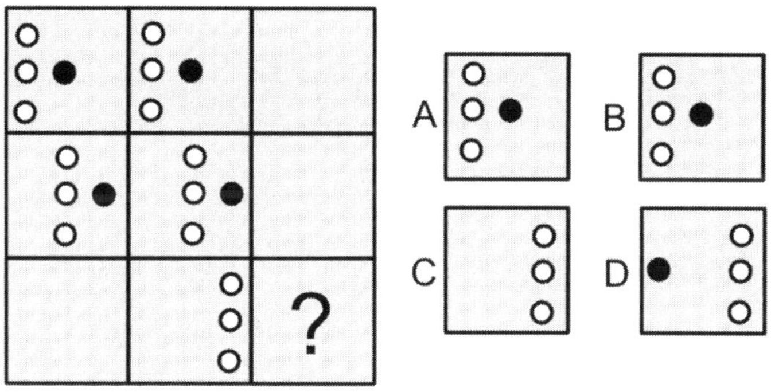

A: Bild A

B: Bild B

C: Bild C

D: Bild D

Frage 4:

Welche Darstellung passt in das Feld mit dem Fragezeichen?

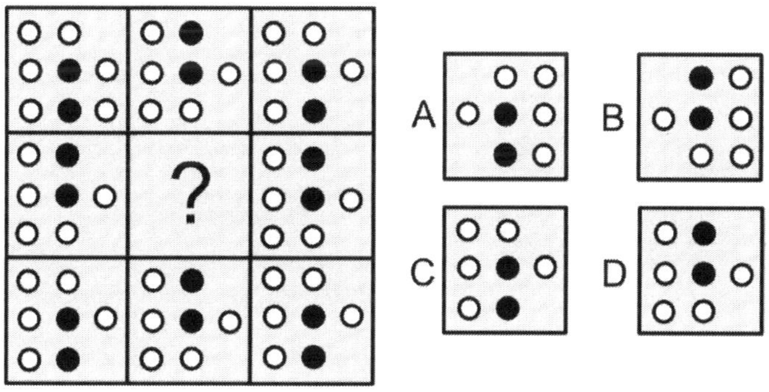

A: Bild A

B: Bild B

C: Bild C

D: Bild D

Frage 5:

Welche Darstellung passt in das Feld mit dem Fragezeichen?

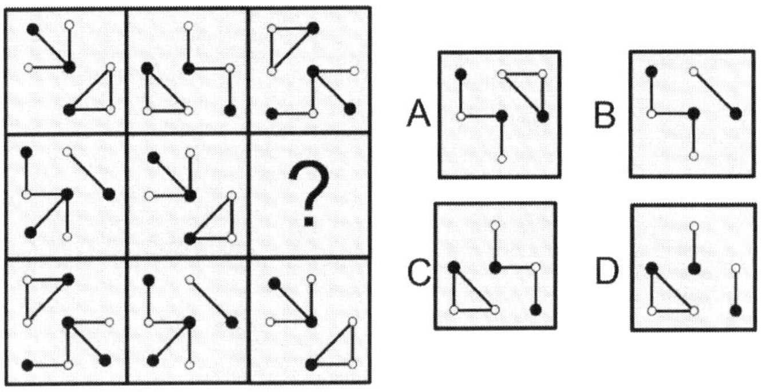

A: Bild A

B: Bild B

C: Bild C

D: Bild D

Frage 6:

Welche Darstellung passt in das Feld mit dem Fragezeichen?

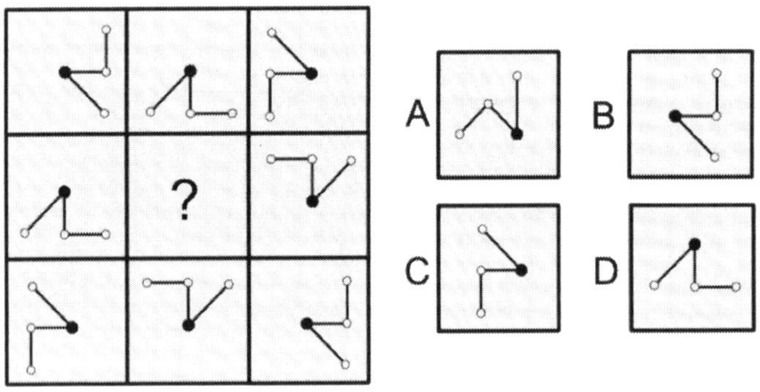

A: Bild A

B: Bild B

C: Bild C

D: Bild D

Frage 7:

Welche Darstellung passt in das Feld mit dem Fragezeichen?

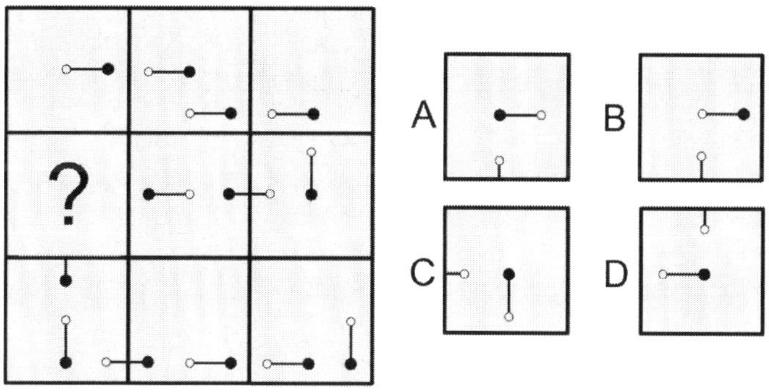

A: Bild A

B: Bild B

C: Bild C

D: Bild D

Frage 8:

Welche Darstellung passt in das Feld mit dem Fragezeichen?

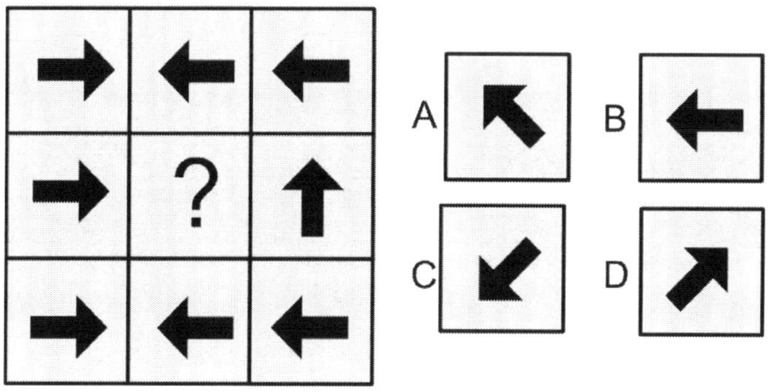

A: Bild A

B: Bild B

C: Bild C

D: Bild D

Frage 9:

Welche Darstellung passt in das Feld mit dem Fragezeichen?

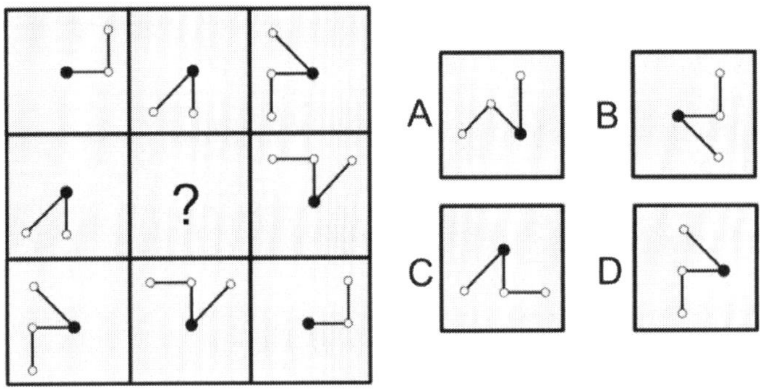

A: Bild A

B: Bild B

C: Bild C

D: Bild D

Frage 10:

Welche Darstellung passt in das Feld mit dem Fragezeichen?

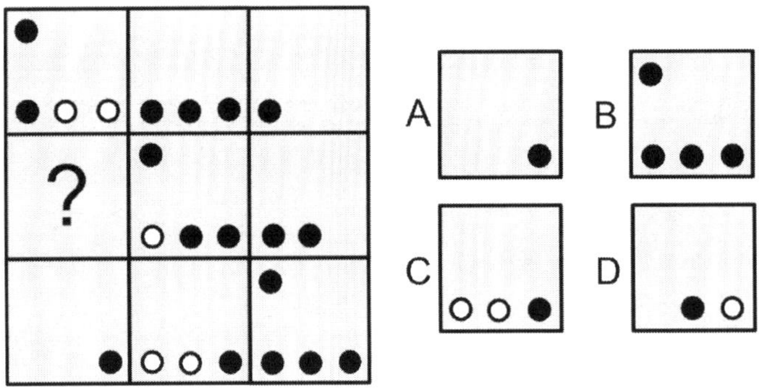

A: Bild A

B: Bild B

C: Bild C

D: Bild D

Frage 11:

Welche Darstellung passt in das Feld mit dem Fragezeichen?

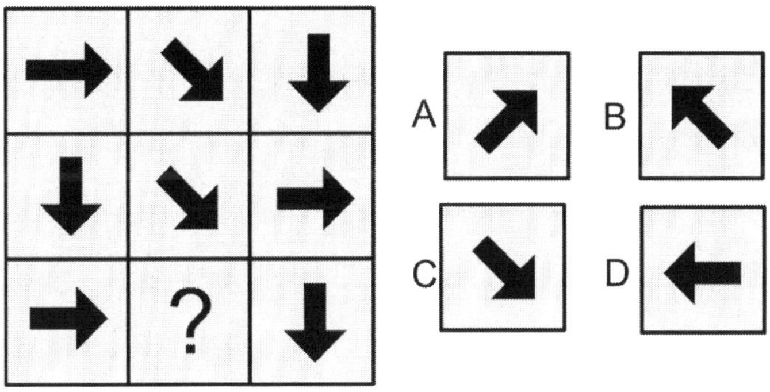

A: Bild A

B: Bild B

C: Bild C

D: Bild D

Frage 12:

Welche Darstellung passt in das Feld mit dem Fragezeichen?

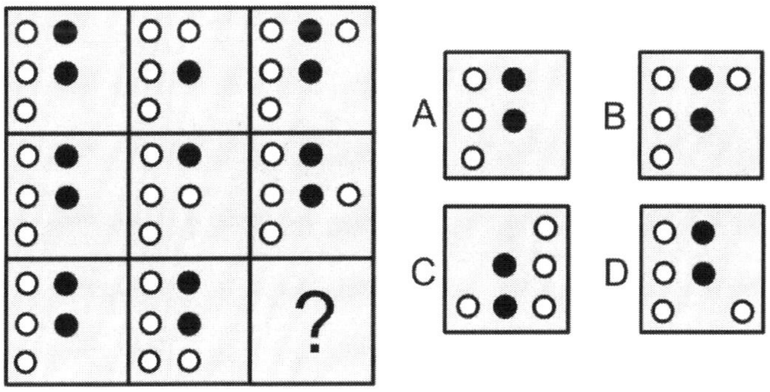

A: Bild A

B: Bild B

C: Bild C

D: Bild D

Frage 13:

Welche Darstellung passt in das Feld mit dem Fragezeichen?

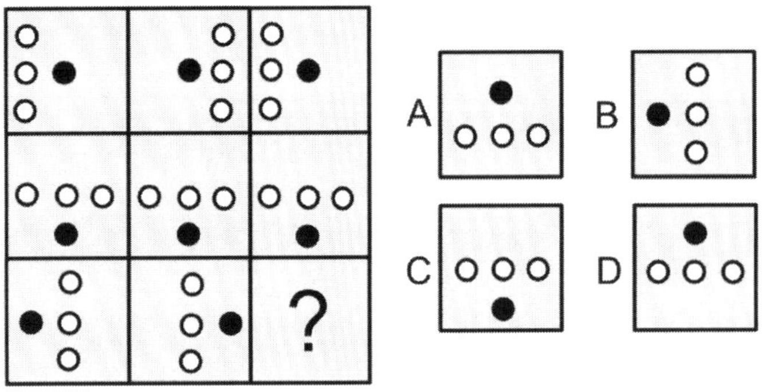

A: Bild A

B: Bild B

C: Bild C

D: Bild D

Frage 14:

Welche Darstellung passt in das Feld mit dem Fragezeichen?

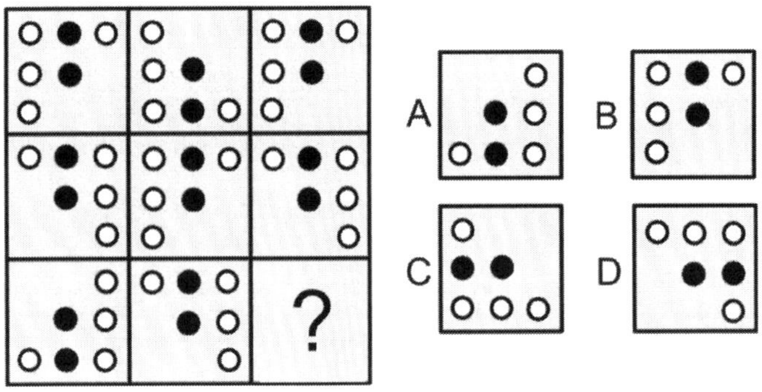

A: Bild A

B: Bild B

C: Bild C

D: Bild D

Frage 15:

Welche Darstellung passt in das Feld mit dem Fragezeichen?

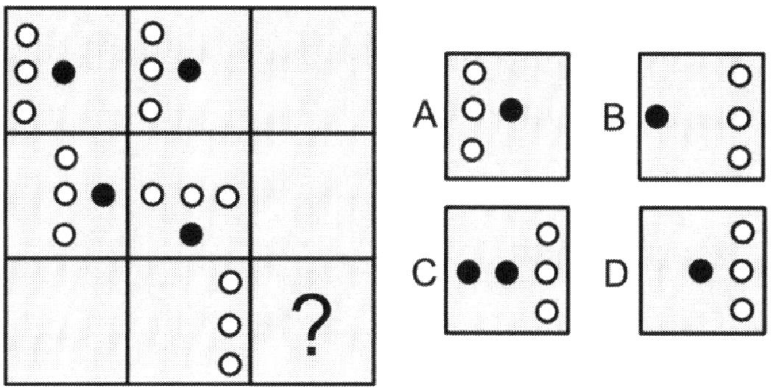

A: Bild A

B: Bild B

C: Bild C

D: Bild D

Frage 16:

Welche Darstellung passt in das Feld mit dem Fragezeichen?

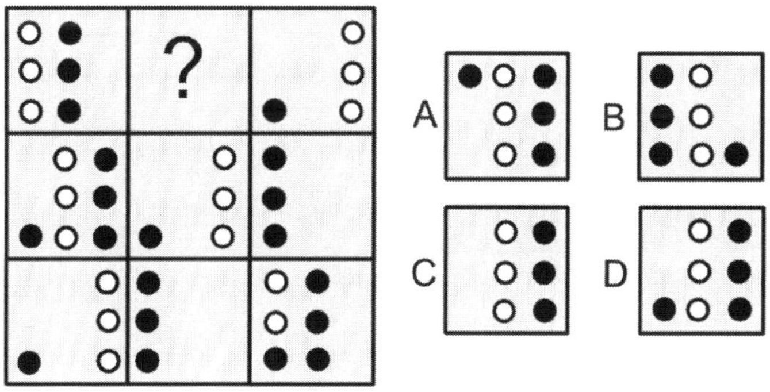

A: Bild A

B: Bild B

C: Bild C

D: Bild D

Frage 17:

Welche Darstellung passt in das Feld mit dem Fragezeichen?

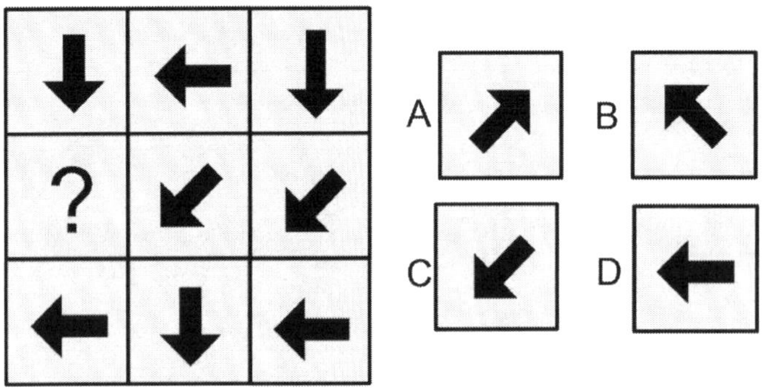

A: Bild A

B: Bild B

C: Bild C

D: Bild D

Frage 18:

Welche Darstellung passt in das Feld mit dem Fragezeichen?

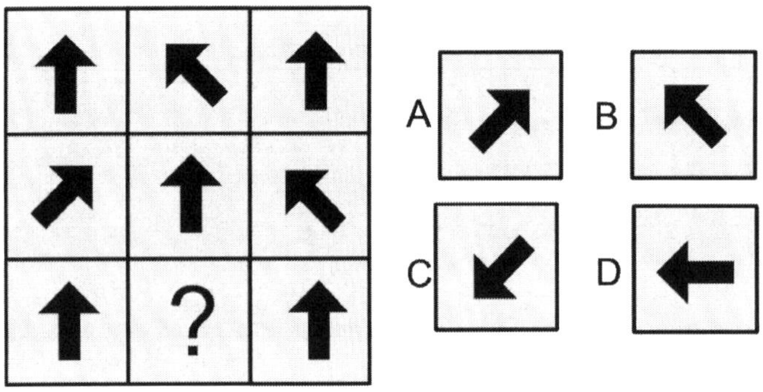

A: Bild A

B: Bild B

C: Bild C

D: Bild D

Frage 19:

Welche Darstellung passt in das Feld mit dem Fragezeichen?

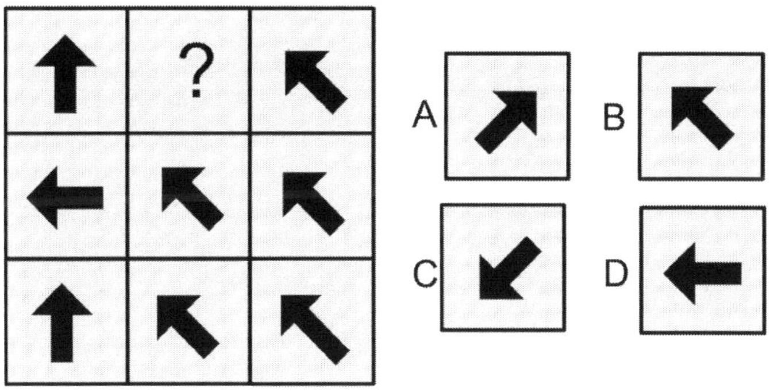

A: Bild A

B: Bild B

C: Bild C

D: Bild D

Frage 20:

Welche Darstellung passt in das Feld mit dem Fragezeichen?

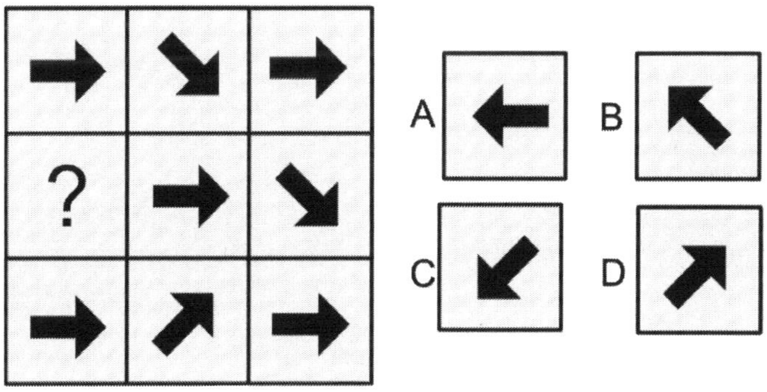

A: Bild A

B: Bild B

C: Bild C

D: Bild D

Lösungen

Aufgabe 1:

Korrekt ist hier A.

Aufgabe 2:

Lösungshilfe:
Lies diagonal von links unten nach rechts oben. Die Figuren einer diagonalen Reihe bleiben gleich.

Korrekt ist hier A. Lies diagonal von links unten nach rechts oben. Die Figuren einer diagonalen Reihe bleiben gleich. Entsprechend muss die Figur im gesuchten Feld aussehen wie die Figur ganz unten links. Das ist bei Figur A der Fall.

Aufgabe 3:

Lösungshilfe:
Versuche ein Muster in den Zeilen, Spalten oder in den Diagonalen zu erkennen. Versuche bei dieser Aufgabe, jedes Feld als eine Gesamtheit wahrzunehmen.

Korrekt ist hier C. Die Regel, die sich durch die Matrix zieht, ist die Tatsache, dass sich in jeder Spalte ein leeres Feld und zwei gleiche Felder befinden. Somit ist Antwort C die einzige Möglichkeit.

Aufgabe 4:

Lösungshilfe:
Versuche ein Muster in den Zeilen, Spalten oder in den Diagonalen zu erkennen. Alle Felder werden von links nach rechts gelesen vertikal gespiegelt. Achtung: Dabei bleibt die Ecke oben rechts in einem Feld immer leer!

Korrekt ist hier C. Alle Felder werden von links nach rechts gelesen vertikal gespiegelt. Achtung: Dabei bleibt die Ecke oben rechts in einem Feld immer leer! Hier kann also nur Antwort C stimmen.

Aufgabe 5:

💡 Lösungshilfe:
Die Form aus dem Feld rechts oben wird immer um 90° gedreht. Wichtig: In allen Feldern bleibt die Ecke rechts oben frei.

Korrekt ist hier C. Die Form aus dem Feld rechts oben wird immer um 90° gedreht. Wichtig: In allen Feldern bleibt die Ecke rechts oben frei. Deshalb sieht die Figur in einigen Feldern anders aus. Im gesuchten Feld muss Dreieck rechts unten positioniert sein. Die Position rechts oben bleibt frei - Antwort C muss also richtig sein.

Aufgabe 6:

💡 Lösungshilfe:
Versuche ein Muster in den Zeilen, Spalten oder in den Diagonalen zu erkennen. Diagonal gelesen bleibt die Figur immer gleich, aber es gibt einen Grund weshalb nur eine Antwortmöglichkeit richtig ist.

Korrekt ist hier C. Diagonal gelesen bleibt die Figur immer gleich. Das freie Feld könnte also schon mal aussehen wie das Feld ganz oben rechts und ganz unten links. Das ist bei Bild B und Bild C der Fall. Nun "dreht sich die Richtung" der Figur um 90° mit jedem Bild wenn man spaltenweise von oben nach unten durchgeht. Das heißt Bild C kann nur richtig sein.

Aufgabe 7:

💡 Lösungshilfe:
Versuche ein Muster in den Zeilen, Spalten oder in den Diagonalen zu erkennen. Die Figuren bilden eine lange Schlange, in der sich weiße und schwarze Kugeln abwechseln.

Korrekt ist hier A. Die Figuren bilden eine lange Schlange, in der sich weiße und schwarze Kugeln abwechseln. Im freien Fehlen also zwei weiße und eine schwarze Kugel, wobei die schwarze Kugel in der Mitte des Feldes liegt. Durch Antwort A wird die Schlange komplett.

Aufgabe 8:

Lösungshilfe:
Versuche ein Muster in den Zeilen, Spalten oder in den Diagonalen zu erkennen. Lies hier spaltenweise. Spalte 1 entspricht immer dem Spiegelbild von Spalte 2.

Korrekt ist hier B. Lies hier spaltenweise. Spalte 1 entspricht immer dem Spiegelbild von Spalte 2. Die dritte Spalte weicht von diesem Muster ab. Der Pfeil muss also nach links zeigen - Antwort B ist reichtig.

Aufgabe 9:

Lösungshilfe:
Versuche ein Muster in den Zeilen, Spalten oder in den Diagonalen zu erkennen. Die Figuren bleiben diagonal gleich.

Korrekt ist hier D. Die Figuren bleiben diagonal gleich. Somit muss das Fehlende Feld aussehen wie das Feld oben rechts und unten links.

Aufgabe 10:

Lösungshilfe:
Versuche ein Muster in den Zeilen, Spalten oder in den Diagonalen zu erkennen. Hier gibt es eine auffällige Figur: Eine lange Schlange, die aus sieben Punkten besteht und in der ersten und letzten Zeile gut zu sehen ist.

Korrekt ist hier D. Hier gibt es eine auffällige Figur: Eine lange Schlange, die aus sieben Punkten besteht und in der ersten und letzten Zeile gut zu sehen ist. Die Schlange beginnt immer mit einer schwarzen und zwei weißen Punkten. Im fehlenden Feld muss also ein weißer und ein schwarzer Punkt zu sehen sein.

Aufgabe 11:

Lösungshilfe:
Versuche ein Muster in den Zeilen, Spalten oder in den Diagonalen zu erkennen. Der Pfeil wird in jeder Zeile gleichbleibend gedreht.

Korrekt ist hier C. Der Pfeil wird in jeder Zeile gleichbleibend gedreht. Im gesuchten Feld muss der Pfeil also leicht nach unten rechts zeigen. Das ist bei Bild C der Fall.

Aufgabe 12:

💡 Lösungshilfe:
Lies hier zeilenweise. Du siehst einen weißen Punkt, der von links nach rechts läuft.

Korrekt ist hier D. Lies hier zeilenweise. Du siehst einen weißen Punkt, der von links nach rechts läuft. Achtung: Wenn der weiße Punkt auf einem anderen weißen Punkt landet, kannst du nicht sehen, dass es sich eigentlich um zwei Punkte handelt, die aufeinander liegen.Die richtige Antwortmöglichkeit muss also unten rechts einen weißen Punkt haben.

Aufgabe 13:

💡 Lösungshilfe:
Versuche ein Muster in den Zeilen, Spalten oder in den Diagonalen zu erkennen. In dieser Aufgabe werden die Figuren in den Zeilen vertikal gespiegelt.

Korrekt ist hier B. In dieser Aufgabe werden die Figuren in den Zeilen vertikal gespiegelt. Im fehlenden Feld muss sich also ein Punkt links und eine weiße Reihe in der Mitte befinden.

Aufgabe 14:

💡 Lösungshilfe:
Hier gibt es in den Zeilen verschiedene Spiegelungen. In der ersten Zeile wird vertikal gespiegelt, in der zweiten horizontal und in der dritten wieder vertikal.

Korrekt ist hier A. Hier gibt es in den Zeilen verschiedene Spiegelungen. In der ersten Zeile wird vertikal gespiegelt, in der zweiten horizontal und in der dritten wieder vertikal. Das fehlende Feld muss aussehen wie das Feld ganz links unten.

Aufgabe 15:

💡 Lösungshilfe:
Versuche ein Muster in den Zeilen, Spalten oder in den Diagonalen zu erkennen. Schau dir die Diagonalen an. Die zweite Figur jeder Zeile dreht sich mit jeder Zeile um 90 Grad.

Korrekt ist hier C. Bei der Lösung handelt es sich um eine Zusammensetzung aus 2 Figuren. Figur 1 (links oben, links mitte und unten mitte) versetzt sich immer ein Stück nach rechts. Im Feld unten in der Mitte "ragt" der schwarze Punkt mittlerweile also schon ins Feld unten rechts hinein.
Dann kommt dazu noch die 2. Figur (mitte oben, mitte und unten rechts). Da dreht sich die Wand aus 3 weißen Punkten mit dem einen schwarzen Punkt immer um 90 Grad. Aus beiden Regeln ergibt sich dann: 3 weiße Punkte und 2 schwarze Punkte.

Aufgabe 16:

💡 Lösungshilfe:
Versuche ein Muster in den Zeilen, Spalten oder in den Diagonalen zu erkennen. Hier kannst du immer eine Ansammlung von drei weißen und drei schwarzen Punkten erkennen, die sich von links nach rechts mit jeder Zeile verschiebt. Außerdem befindet sich in jedem Feld ein schwarzer Punkt.

Korrekt ist hier D. Hier kannst du immer eine Ansammlung von drei weißen und drei schwarzen Punkten erkennen, die sich von links nach rechts mit jeder Zeile verschiebt. Außerdem befindet sich in jedem Feld ein schwarzer Punkt. Auch im Lösungsfeld muss sich also ein schwarzer Punkt befinden. Außerdem findet sich dort die Figur aus 6 Punkten.

Aufgabe 17:

💡 Lösungshilfe:
Versuche ein Muster in den Zeilen, Spalten oder in den Diagonalen zu erkennen. Die Pfeile der zweiten Zeile zeigen immer die Pfleilrichtung an, die zwischen der Pfeilrichtung ganz oben und der Pfeilrichtung ganz unten liegt.

Korrekt ist hier C. Die Pfeile der zweiten Zeile zeigen immer die Pfleilrichtung an, die zwischen der Pfeilrichtung ganz oben und der Pfeilrichtung ganz unten liegt. Deshalb muss der Pfeil nach links unten zeigen. Das ist in Bild C der Fall.

Aufgabe 18:

Korrekt ist hier B. Lies hier zeilenweise. Zeile 1 könnte Zeile 3 entsprechen. Dann muss im gesuchten Feld der Pfeil nach links oben zeigen. Das ist nur in Bild B der Fall.

Aufgabe 19:

💡 Lösungshilfe:
Versuche ein Muster in den Zeilen, Spalten oder in den Diagonalen zu erkennen. Hier wird der Pfeil nur in Spalte 1 gedreht.

Korrekt ist hier B. Hier wird der Pfeil nur in Spalte 1 gedreht. In den anderen Spalten wird der Pfeil nicht gedreht. Er muss im gesuchten Feld also nach links oben zeigen. B muss richtig sein.

Aufgabe 20:

💡 Lösungshilfe:
Versuche ein Muster in den Zeilen, Spalten oder in den Diagonalen zu erkennen. Lies hier zeilenweise. Die Formen folgen diesem Muster: Rechts, unten, rechts, oben, rechts, unten, rechts, oben usw.

Korrekt ist hier D. Lies hier zeilenweise. Die Formen folgen diesem Muster: Rechts, unten, rechts, oben, rechts, unten, rechts, oben usw. Folglich muss der Pfeil im gesuchten Feld nach oben rechts zeigen. Das ist bei Bild D der Fall.

Selbsteinschätzung

Matrizen II - Test

Auf dieser Seite kannst du deinen Lernfortschritt dokumentieren. Das hilft dir dabei, deinen Lernfortschritt zu reflektieren und ein Gefühl dafür zu bekommen, wie sicher du in diesem Themenbereich bereits bist.

Die Aufgaben dieses Tests fielen mir leicht.

○ Stimme gar nicht zu	○ Stimme eher nicht zu	○ Ich bin neutral	○ Stimme eher zu	○ Stimme voll zu

Die Aufgaben, bei denen ich mir sicher war, waren dann auch richtig.

○ Stimme gar nicht zu	○ Stimme eher nicht zu	○ Ich bin neutral	○ Stimme eher zu	○ Stimme voll zu

Ich habe die Aufgabenstellung immer gut verstanden.

○ Stimme gar nicht zu	○ Stimme eher nicht zu	○ Ich bin neutral	○ Stimme eher zu	○ Stimme voll zu

Ich war beim Lösen der Aufgaben schnell.

○ Stimme gar nicht zu	○ Stimme eher nicht zu	○ Ich bin neutral	○ Stimme eher zu	○ Stimme voll zu

Ich habe eine gute Strategie entwickelt, wie ich an die Aufgabe herangehen kann.

○ Stimme gar nicht zu	○ Stimme eher nicht zu	○ Ich bin neutral	○ Stimme eher zu	○ Stimme voll zu

TestHelden Discord-Community

Schon gewusst? Am besten lernt es sich gemeinsam. Deshalb bieten wir dir die Möglichkeit, dich mit Anderen zu vernetzen. Teile jetzt deine Ergebnisse in unserer Lerngruppe auf Discord und lass uns in den Austausch treten! Schreibe in deine Nachricht einfach das Stichwort "Lernfortschritt" und den Namen des Tests.

Zu unseren Lerngruppen geht es hier:
www.testhelden.com/discord

Übung: Wortbedeutung

Darum geht es in dieser Übung: In diesem Themenbereich lernst du Fremdwörter und ihre Bedeutung kennen. Das Lernziel ist, dass du schwierige Wörter verstehen kannst.

> Tipp: Wie immer kannst du diese Seite hier nutzen, um dir einige Notizen zu machen. Du kannst zum Beispiel festhalten, welche Erwartungen du an den Test hast, was dir beim Üben aufgefallen ist oder was dir besonders schwer oder leicht gefallen ist.

Deine Notizen:

Aufgaben

Frage 1:

Für Israel ist die _____ eine Technologie von nationaler Relevanz, da sie erst die Entsalzung von Meerwasser möglich macht.

- ☐ A: Kolchose
- ☐ B: Solartechnologie
- ☐ C: Trocknung
- ☐ D: Elektrolyse

Frage 2:

Dein Ausbilder schickt dir ein Curriculum zu. Was hast du somit erhalten?

- ☐ A: ein Zeugnis
- ☐ B: eine Lernhilfe
- ☐ C: eine Abgabefrist
- ☐ D: eine Übersicht über Lerninhalte

Frage 3:

Ein Mann hat den ganzen Tag lang transkribiert. Was hat er gemacht?

- ☐ A: Er hat geschwitzt.
- ☐ B: Er hat Dinge aufgeschrieben.
- ☐ C: Er hat Dinge an andere Orte gebracht.
- ☐ D: Er hat Dinge durchgeschnitten.

Frage 4:

Zwei Dinge stehen in einem reziproken Zusammenhang. Was ist damit gemeint?

- ☐ A: zwei Dinge beziehen sich aufeinander
- ☐ B: zwei Dinge schließen sich aus
- ☐ C: zwei Dinge lassen sich nicht miteinander vergleichen

Frage 5:

Was wird mit dem Wort "Gärung" bezeichnet?

- ☐ A: Die dauerhafte Lagerung von Lebensmitteln.
- ☐ B: Die Überlagerung von Lebensmitteln.
- ☐ C: Der mikrobielle Abbau organischer Stoffe.
- ☐ D: Die dauerhafte Lagerung chemischer Substanzen.

Frage 6:

Was passt am Besten zum Wort "Gleichnis"?

- ☐ A: Ein Gleichnis zeigt die Gemeinsamkeiten zweier Sachverhalte.
- ☐ B: Ein Gleichnis zeigt die Unterschiede zwischen zwei Dingen.
- ☐ C: Ein Gleichnis vergleicht zwei Dinge.
- ☐ D: Ein Gleichnis soll einen Sachverhalt bildhaft in Form einer kurzen Erzählung veranschaulichen.

Frage 7:

Ein _____ ist ein technisches Gerät, das Radarinformationen eines Flugzeugs an die Bodenkontrolle sendet.

- ☐ A: Transponder
- ☐ B: Transmitter
- ☐ C: Transkriptor
- ☐ D: Translator

Frage 8:

Die Eigenschaft der _____ ermöglicht Flugobjekten durch einen speziellen Verlauf von Strömungen und Auftrieben das Fliegen.

- ☐ A: Aerodynamik
- ☐ B: Hydraulik
- ☐ C: Strömungslehre
- ☐ D: Windkanalform

Frage 9:

Der gesamte Prozess gleicht einem Wunder. Nach der Verschmelzung der männlichen und weiblichen Zelle entsteht ____, die dann die Grundlage für das Heranwachsen des neuen Lebens darstellt.

- ☐ A: eine Zygote
- ☐ B: der Zellkern
- ☐ C: eine haploide Geschlechtszelle

Frage 10:

Du bereitest dich auf eine periphere Aufgabe vor. Was tust du damit?

- ☐ A: Du bereitest dich auf etwas vor, das folgenreich ist.
- ☐ B: Du bereitest dich auf etwas vor, das nebensächlich ist.
- ☐ C: Du bereitest dich auf etwas vor, das sehr wichtig ist.
- ☐ D: Du bereitest dich auf etwas vor, das ganz zu Anfang steht.

Frage 11:

Agitation lässt sich am besten mit ___ übersetzen.

- ☐ A: Überwachung
- ☐ B: politische Hetze
- ☐ C: politischer Kollaps
- ☐ D: Abwehr von Gefahr

Frage 12:

Jemand hat vor, etwas zu kompromittieren. Was wird er tun?

- ☐ A: Er wird den aktuellen Stand einer Sache langfristig verfügbar machen.
- ☐ B: Er wird etwas sichern.
- ☐ C: Er wird etwas manipulieren.
- ☐ D: Er wird etwas Großes verkleinern.

Frage 13:

Chlorophyll ermöglicht Pflanzen überhaupt erst _____.

- ☐ A: die Photosynthese
- ☐ B: das Wachstum
- ☐ C: die Insektenabwehr
- ☐ D: die Ausbreitung

Frage 14:

Zwei Brüder haben einen "subversiven" Plan. Welche Eigenschaft trifft auf den Plan zu?

- ☐ A: Der Plan ist neuartig.
- ☐ B: Der Plan ist rebellisch.
- ☐ C: Der Plan ist wasserdicht.
- ☐ D: Der Plan ist wohlüberlegt.

Frage 15:

Du erzählst einer Kollegin von einem Problem. Sie sagt, das was du sagst wäre "ein Euphemismus". Was meint sie?

- ☐ A: Das Problem ist nicht zu bewältigen.
- ☐ B: Sie findet deine Beschreibung des Problems übertrieben.
- ☐ C: Du hast den Kern des Problems genau getroffen.
- ☐ D: Sie findet deine Beschreibung des Problems untertrieben.

Frage 16:

Das Mittelstück eines Rades oder einer Drehscheibe, durch das die Achse verläuft, nennt man...

- ☐ A: Trichter
- ☐ B: Nabe
- ☐ C: Welle
- ☐ D: Wichtung

Frage 17:

Du triffst auf eine "heterogene" Menschengruppe. Was wird dir auffallen?

- ☐ A: Die Personen der Gruppe sind nur weiblich oder nur männlich.
- ☐ B: Die Personen der Gruppe sind sehr ähnlich.
- ☐ C: Die Personen der Gruppe sind sehr unterschiedlich.
- ☐ D: Die Personen sind genetisch verwandt.

Frage 18:

Dir wird aufgetragen, Daten zu kumulieren. Was musst du tun?

- ☐ A: Daten prüfen.
- ☐ B: Daten schützen.
- ☐ C: Daten anhäufen.
- ☐ D: Daten aussortieren.

Frage 19:

Die Balearen sind...

- ☐ A: eine Inselgruppe im westlichen Mittelmeer. Zu ihr gehören Mallorca, Menorca und Ibiza.
- ☐ B: eine Inselgruppe im östlichen Mittelmeer. Zu ihr gehören Mallorca, Gran Canaria und Ibiza.
- ☐ C: eine Inselgruppe im Osten des Atlantiks. Zu ihr gehören Lanzarote, Gran Canaria und Ibiza.
- ☐ D: eine Inselgruppe westlich der Sahara. Zu ihr gehören Lanzarote, Gran Canaria und Ibiza.

Frage 20:

Dir wird gesagt, dass man etwas "a priori" wissen könne. Was ist damit gemeint?

- ☐ A: Man kann eine Sache nicht wissen.
- ☐ B: Man kann die Sache zwar jetzt wissen, das kann sich aber schnell ändern.
- ☐ C: Man kann die Sache wissen, sofern man keine weiteren Informationen einholt.
- ☐ D: Man kann von der Sache ausgehen, ohne sie mit einem Experiment überprüfen zu müssen.

Lösungen

Aufgabe 1:

Korrekt ist hier D.

Aufgabe 2:

Korrekt ist hier D.

Aufgabe 3:

Korrekt ist hier B.

Aufgabe 4:

Korrekt ist hier A.

Aufgabe 5:

Korrekt ist hier C.

Aufgabe 6:

Korrekt ist hier D.

Aufgabe 7:

Korrekt ist hier A.

Aufgabe 8:

Korrekt ist hier A.

Aufgabe 9:

Korrekt ist hier C.

Aufgabe 10:

Korrekt ist hier B.

Aufgabe 11:

Korrekt ist hier B.

Aufgabe 12:

Korrekt ist hier C.

Aufgabe 13:

Korrekt ist hier A.

Aufgabe 14:

Korrekt ist hier B.

Aufgabe 15:

Korrekt ist hier D.

Aufgabe 16:

Korrekt ist hier B.

Aufgabe 17:

Korrekt ist hier C.

Aufgabe 18:

Korrekt ist hier C.

Aufgabe 19:

Korrekt ist hier A.

Aufgabe 20:

Korrekt ist hier D.

Selbsteinschätzung

Wortbedeutung - Test

Auf dieser Seite kannst du deinen Lernfortschritt dokumentieren. Das hilft dir dabei, deinen Lernfortschritt zu reflektieren und ein Gefühl dafür zu bekommen, wie sicher du in diesem Themenbereich bereits bist.

Die Aufgaben dieses Tests fielen mir leicht.

○	○	○	○	○
Stimme gar nicht zu	Stimme eher nicht zu	Ich bin neutral	Stimme eher zu	Stimme voll zu

Die Aufgaben, bei denen ich mir sicher war, waren dann auch richtig.

○	○	○	○	○
Stimme gar nicht zu	Stimme eher nicht zu	Ich bin neutral	Stimme eher zu	Stimme voll zu

Ich habe die Aufgabenstellung immer gut verstanden.

○	○	○	○	○
Stimme gar nicht zu	Stimme eher nicht zu	Ich bin neutral	Stimme eher zu	Stimme voll zu

Ich war beim Lösen der Aufgaben schnell.

○	○	○	○	○
Stimme gar nicht zu	Stimme eher nicht zu	Ich bin neutral	Stimme eher zu	Stimme voll zu

Ich habe eine gute Strategie entwickelt, wie ich an die Aufgabe herangehen kann.

○	○	○	○	○
Stimme gar nicht zu	Stimme eher nicht zu	Ich bin neutral	Stimme eher zu	Stimme voll zu

Übung: Zahlenreihe

Darum geht es in dieser Übung: In diesem Themenbereich findest du Aufgaben zum Thema Erkennen und Aufstellen von Zahlenreihen. Dein Lernziel ist es, die Logik einer Zahlenreihe verstehen und weiterzuführen zu können.

♫ Zu diesem Test findest du Medieninhalte direkt in deinem Online-Kurs.

> Tipp: Wie immer kannst du diese Seite hier nutzen, um dir einige Notizen zu machen. Du kannst zum Beispiel festhalten, welche Erwartungen du an den Test hast, was dir beim Üben aufgefallen ist oder was dir besonders schwer oder leicht gefallen ist.

🚀 Deine Notizen:

Aufgaben

Frage 1:

Welche Zahl folgt in dieser Zahlenreihe als nächstes?
-46 | -44 | -40 | -34 | -26 | -16

Deine Lösung:

____

Frage 2:

Mit welcher Zahl würde diese Zahlenreihe weitergehen?
34 | 39 | 44 | 49 | 54 | 59

Deine Lösung:

____

Frage 3:

Welche Zahl folgt in dieser Zahlenreihe als nächstes?
-35 | -31 | -25 | -17 | -7 | 5

Deine Lösung:

____

Frage 4:

Welche Zahl folgt in dieser Zahlenreihe als nächstes?
4 | 12 | 21 | 31 | 42 | 54

Deine Lösung:

____

Frage 5:

Sieh dir diese Zahlenreihe an. Welche Zahl würde als nächstes kommen?
-10 | -15 | -20 | -25 | -30 | -35

Deine Lösung:

____

Frage 6:

Welche Zahl setzt die Zahlenreihe logisch fort?
-3240, -1620, 540, 270, -90, -45, ?

Deine Lösung:

✎ ______________________________

Frage 7:

Welche Zahl folgt in dieser Zahlenreihe als nächstes?
4 | 7 | 13 | 22 | 34 | 49

Deine Lösung:

✎ ______________________________

Frage 8:

Mit welcher Zahl würde diese Zahlenreihe weitergehen?
32 | 34 | 36 | 38 | 40 | 42

Deine Lösung:

✎ ______________________________

Frage 9:

Welche Zahl setzt die Zahlenreihe logisch fort?
27, 36, 34, 43, 41, 50, ?

Deine Lösung:

✎ ______________________________

Frage 10:

Setze die Zahlenreihe fort. Welche Zahl wäre die nächste Zahl?
5 | -10 | 20 | -40 | 80 | -160

Deine Lösung:

✎ ______________________________

Frage 11:

Mit welcher Zahl würde diese Zahlenreihe weitergehen?
-43 | -34 | -25 | -16 | -7 | 2

Deine Lösung:

Frage 12:

Mit welcher Zahl lässt sich diese Zahlenreihe fortsetzen?
30 | -32 | 34 | -36 | 38 | -40

Deine Lösung:

Frage 13:

Sieh dir diese Zahlenreihe an. Welche Zahl würde als nächstes kommen?
25 | 18 | 11 | 4 | -3 | -10

Deine Lösung:

Frage 14:

Welche Zahl setzt die Zahlenreihe logisch fort?
23, 25, 29, 37, 53, 85, ?

Deine Lösung:

Frage 15:

Welche Zahl folgt in dieser Zahlenreihe als nächstes?
44 | 49 | 56 | 65 | 76 | 89

Deine Lösung:

Frage 16:

Welche Zahl setzt die Zahlenreihe logisch fort?
21, 24, 48, 51, 102, 105, ?

Deine Lösung:

✎ ______________________________

Frage 17:

Sieh dir diese Zahlenreihe an. Welche Zahl würde als nächstes kommen?
45 | 38 | 31 | 24 | 17 | 10

Deine Lösung:

✎ ______________________________

Frage 18:

Gegeben ist eine Zahlenreihe. Welche Zahl würde in der Zahlenreihe als nächste Zahl kommen?
1 | 0 | 2 | -2 | 6 | -10

Deine Lösung:

✎ ______________________________

Frage 19:

Sieh dir diese Zahlenreihe an. Welche Zahl würde als nächstes kommen?
36 | 28 | 20 | 12 | 4 | -4

Deine Lösung:

✎ ______________________________

Frage 20:

Mit welcher Zahl lässt sich diese Zahlenreihe fortsetzen?
86 | -91 | 96 | -101 | 106 | -111

Deine Lösung:

✎ ______________________________

Lösungen

Aufgabe 1:

💡 Lösungshilfe:
In dieser Aufgabe ändert sich der in jedem Schritt addierte Wert. Sieh dir deshalb erst die Differenz der beiden ersten Zahlen an. Betrachte dann die Differenz zwischen der zweiten und dritten Zahl.

Korrekt ist hier -4. In jedem Schritt wird 2 addiert und die addierte Zahl (2) um 2 vergrößert.

Aufgabe 2:

💡 Lösungshilfe:
Die Zahlen ändern sich mit jedem Schritt um 5.

Korrekt ist hier 64. Füge der letzten Zahl der Reihe 5 hinzu – und schon hast du die Lösung.

Aufgabe 3:

Korrekt ist hier 19. In jedem Schritt wird 4 addiert und die addierte Zahl (4) um 2 vergrößert.

Aufgabe 4:

Korrekt ist hier 67. In jedem Schritt wird 8 addiert und die addierte Zahl (8) um 1 vergrößert.

Aufgabe 5:

💡 Lösungshilfe:
Mit jedem Schritt ändert sich die Zahl um -5.

Korrekt ist hier -40. Ziehe 5 von der letzten Zahl ab und du findest die Lösung.

Aufgabe 6:

💡 Lösungshilfe:
Um welchen Faktor ändern sich die Werte?
Die richtige Antwort ist: 15

Aufgabe 7:

Korrekt ist hier 67. In jedem Schritt wird 3 addiert und die addierte Zahl (3) um 3 vergrößert.

Aufgabe 8:

💡 Lösungshilfe:
Die Zahlen ändern sich mit jedem Schritt um 2.

Korrekt ist hier 44. Füge der letzten Zahl der Reihe 2 hinzu – und schon hast du die Lösung.

Aufgabe 9:

💡 Lösungshilfe:
Betrachte jeden Schritt einzeln und erkenne Muster.
Die richtige Antwort ist: 48

Aufgabe 10:

💡 Lösungshilfe:
Die Zahlen werden in jedem Schritt mit -2 multipliziert.

Korrekt ist hier 320. Multipliziere die letzte Zahl mit -2.

Aufgabe 11:

💡 Lösungshilfe:
Die Zahlen ändern sich mit jedem Schritt um 9.

Korrekt ist hier 11. Füge der letzten Zahl der Reihe 9 hinzu – und schon hast du die Lösung.

Aufgabe 12:

Lösungshilfe:
Hier wird mit jedem Schritt eine Zahl addiert. Außerdem wechseln sich negative und positive Zahlen ab.

Korrekt ist hier 42. Mit jedem Schritt wird 2 addiert. Auf positive Zahlen folgen immer negative Zahlen. Und auf negative Zahlen folgen immer positive. Addiere also 2 und ändere das Vorzeichen.

Aufgabe 13:

Lösungshilfe:
Mit jedem Schritt ändert sich die Zahl um -7.

Korrekt ist hier -17. Ziehe 7 von der letzten Zahl ab und du findest die Lösung.

Aufgabe 14:

Lösungshilfe:
Vergleiche die Abstände zwischen den Zahlen.
Die richtige Antwort ist: 149

Aufgabe 15:

Korrekt ist hier 104. In jedem Schritt wird 5 addiert und die addierte Zahl (5) um 2 vergrößert.

Aufgabe 16:
Die richtige Antwort ist: 210

Aufgabe 17:

Korrekt ist hier 3. Ziehe 7 von der letzten Zahl ab und du findest die Lösung.

Aufgabe 18:

💡 Lösungshilfe:
Die Zahlen werden in jedem Schritt mit -2 multipliziert und es wird 2 addiert.

Korrekt ist hier 22. Multipliziere die letzte Zahl der Reihe mit -2. Füge dann 2 hinzu.

Aufgabe 19:

💡 Lösungshilfe:
Mit jedem Schritt ändert sich die Zahl um -8.

Korrekt ist hier -12. Ziehe 8 von der letzten Zahl ab und du findest die Lösung.

Aufgabe 20:

Korrekt ist hier 116. Mit jedem Schritt wird 5 addiert. Auf positive Zahlen folgen immer negative Zahlen. Und auf negative Zahlen folgen immer positive. Addiere also 5 und ändere das Vorzeichen.

Selbsteinschätzung

Zahlenreihe - Test

Auf dieser Seite kannst du deinen Lernfortschritt dokumentieren. Das hilft dir dabei, deinen Lernfortschritt zu reflektieren und ein Gefühl dafür zu bekommen, wie sicher du in diesem Themenbereich bereits bist.

Die Aufgaben dieses Tests fielen mir leicht.

○	○	○	○	○
Stimme gar nicht zu	**Stimme eher nicht zu**	**Ich bin neutral**	**Stimme eher zu**	**Stimme voll zu**

Die Aufgaben, bei denen ich mir sicher war, waren dann auch richtig.

○	○	○	○	○
Stimme gar nicht zu	**Stimme eher nicht zu**	**Ich bin neutral**	**Stimme eher zu**	**Stimme voll zu**

Ich habe die Aufgabenstellung immer gut verstanden.

○	○	○	○	○
Stimme gar nicht zu	**Stimme eher nicht zu**	**Ich bin neutral**	**Stimme eher zu**	**Stimme voll zu**

Ich war beim Lösen der Aufgaben schnell.

○	○	○	○	○
Stimme gar nicht zu	**Stimme eher nicht zu**	**Ich bin neutral**	**Stimme eher zu**	**Stimme voll zu**

Ich habe eine gute Strategie entwickelt, wie ich an die Aufgabe herangehen kann.

○	○	○	○	○
Stimme gar nicht zu	**Stimme eher nicht zu**	**Ich bin neutral**	**Stimme eher zu**	**Stimme voll zu**

TestHelden Discord-Community

Schon gewusst? Am besten lernt es sich gemeinsam. Deshalb bieten wir dir die Möglichkeit, dich mit Anderen zu vernetzen. Teile jetzt deine Ergebnisse in unserer Lerngruppe auf Discord und lass uns in den Austausch treten! Schreibe in deine Nachricht einfach das Stichwort "Lernfortschritt" und den Namen des Tests.

Zu unseren Lerngruppen geht es hier:
www.testhelden.com/discord

Übung: Zahlenreihen für Fortgeschrittene

Darum geht es in dieser Übung: In diesem Themenbereich findest du schwierige Aufgaben zu Zahlenreihen. Dein Lernziel ist es, die Logik einer Zahlenreihe zu verstehen und Zahlenreihe weiterzuführen.

> Tipp: Wie immer kannst du diese Seite hier nutzen, um dir einige Notizen zu machen. Du kannst zum Beispiel festhalten, welche Erwartungen du an den Test hast, was dir beim Üben aufgefallen ist oder was dir besonders schwer oder leicht gefallen ist.

Deine Notizen:

Aufgaben

Frage 1:

Welche Zahl folgt in dieser Zahlenreihe als nächstes?
43 | 55 | 70 | 88 | 109 | 133

Deine Lösung:

Frage 2:

Setze die Zahlenreihe fort. Welche Zahl wäre die nächste Zahl?
8 | -40 | 200 | -1000 | 5000 | -25000

Deine Lösung:

Frage 3:

Welche Zahl folgt in dieser Zahlenreihe als nächstes?
-92 | -76 | -54 | -26 | 8 | 48

Deine Lösung:

Frage 4:

Wie geht diese Zahlenreihe logisch weiter?
10 | 24 | 27 | 19 | 0 | -30

Deine Lösung:

Frage 5:

Mit welcher Zahl lässt sich diese Zahlenreihe fortsetzen?
142 | -172 | 202 | -232 | 262 | -292

Deine Lösung:

Frage 6:

Mit welcher Zahl lässt sich diese Zahlenreihe fortsetzen?
79 | -107 | 135 | -163 | 191 | -219

Deine Lösung:

____

Frage 7:

Mit welcher Zahl lässt sich diese Zahlenreihe fortsetzen?
86 | -115 | 144 | -173 | 202 | -231

Deine Lösung:

____

Frage 8:

Gegeben ist eine Zahlenreihe. Welche Zahl würde in der Zahlenreihe als nächste Zahl kommen?
5 | 29 | -19 | 77 | -115 | 269

Deine Lösung:

____

Frage 9:

Gegeben ist eine Zahlenreihe. Welche Zahl würde in der Zahlenreihe als nächste Zahl kommen?
7 | 32 | 82 | 182 | 382 | 782

Deine Lösung:

____

Frage 10:

Setze die Zahlenreihe fort. Welche Zahl wäre die nächste Zahl?
15 | -45 | 135 | -405 | 1215 | -3645

Deine Lösung:

____

Frage 11:

Welche Zahl folgt in dieser Zahlenreihe als nächstes?
28 | 43 | 66 | 97 | 136 | 183

Deine Lösung:

____

Frage 12:

Mit welcher Zahl würde diese Zahlenreihe weitergehen?
-47 | 69 | 185 | 301 | 417 | 533

Deine Lösung:

____

Frage 13:

Welche Zahl folgt in dieser Zahlenreihe als nächstes?
23 | 35 | 58 | 92 | 137 | 193

Deine Lösung:

____

Frage 14:

Welche Zahl folgt in dieser Zahlenreihe als nächstes?
37 | 54 | 79 | 112 | 153 | 202

Deine Lösung:

____

Frage 15:

Setze die Zahlenreihe fort. Welche Zahl wäre die nächste Zahl?
13 | 39 | 117 | 351 | 1053 | 3159

Deine Lösung:

Frage 16:

Mit welcher Zahl lässt sich diese Zahlenreihe fortsetzen?
177 | -208 | 239 | -270 | 301 | -332

Deine Lösung:

Frage 17:

Mit welcher Zahl würde diese Zahlenreihe weitergehen?
-44 | 68 | 180 | 292 | 404 | 516

Deine Lösung:

Frage 18:

Gegeben ist eine Zahlenreihe. Welche Zahl würde in der Zahlenreihe als nächste Zahl kommen?
4 | 32 | 88 | 200 | 424 | 872

Deine Lösung:

Frage 19:

Mit welcher Zahl würde diese Zahlenreihe weitergehen?
-43 | 53 | 149 | 245 | 341 | 437

Deine Lösung:

Frage 20:

Wie geht diese Zahlenreihe logisch weiter?
27 | 43 | 48 | 42 | 25 | -3

Deine Lösung:

____

Lösungen

Aufgabe 1:

Korrekt ist hier 160. Hier wird 12 addiert und die addierte Zahl (12) um 3 mit jedem Schritt vergrößert.

Aufgabe 2:

Lösungshilfe:
Die Zahlen werden in jedem Schritt mit -5 multipliziert.

Korrekt ist hier 125000. Multipliziere die letzte Zahl mit -5.

Aufgabe 3:

Korrekt ist hier 94. Hier wird 16 addiert und die addierte Zahl (16) um 6 mit jedem Schritt vergrößert.

Aufgabe 4:

Korrekt ist hier -71. In jedem Schritt wird 14 addiert und die addierte Zahl um 11 verkleinert.

Aufgabe 5:

Korrekt ist hier 322. Mit jedem Schritt wird 30 addiert. Auf positive Zahlen folgen immer negative Zahlen. Und auf negative Zahlen folgen immer positive. Addiere also 30 und ändere das Vorzeichen.

Aufgabe 6:

Korrekt ist hier 247. Mit jedem Schritt wird 28 addiert. Auf positive Zahlen folgen immer negative Zahlen. Und auf negative Zahlen folgen immer positive. Addiere also 28 und ändere das Vorzeichen.

Aufgabe 7:

Korrekt ist hier 260. Mit jedem Schritt wird 29 addiert. Auf positive Zahlen folgen immer negative Zahlen. Und auf negative Zahlen folgen immer positive. Addiere also 29 und ändere das Vorzeichen.

Aufgabe 8:

Lösungshilfe:
Die Zahlen werden in jedem Schritt mit -2 multipliziert und es wird 39 addiert.

Korrekt ist hier -499. Multipliziere die letzten Zahl der Reihe mit -2. Füge dann 39 hinzu.

Aufgabe 9:

Lösungshilfe:
Die Zahlen werden in jedem Schritt mit 2 multipliziert und es wird 18 addiert.

Korrekt ist hier 1582. Multipliziere die letzten Zahl der Reihe mit 2. Füge dann 18 hinzu.

Aufgabe 10:

Lösungshilfe:
Die Zahlen werden in jedem Schritt mit -3 multipliziert.

Korrekt ist hier 10935. Multipliziere die letzte Zahl mit -3.

Aufgabe 11:

Korrekt ist hier 238. Hier wird 15 addiert und die addierte Zahl (15) um 8 mit jedem Schritt vergrößert.

Aufgabe 12:

Lösungshilfe:
Die Zahlen ändern sich mit jedem Schritt um 116.

Korrekt ist hier 649. Füge der letzten Zahl der Reihe 116 hinzu – und schon hast du die Lösung.

Aufgabe 13:

Korrekt ist hier 260. Hier wird 12 addiert und die addierte Zahl (12) um 11 mit jedem Schritt vergrößert.

Aufgabe 14:

Korrekt ist hier 259. Hier wird 17 addiert und die addierte Zahl (17) um 8 mit jedem Schritt vergrößert.

Aufgabe 15:

Lösungshilfe:
Die Zahlen werden in jedem Schritt mit 3 multipliziert.

Korrekt ist hier 9477. Multipliziere die letzte Zahl mit 3.

Aufgabe 16:

Korrekt ist hier 363. Mit jedem Schritt wird 31 addiert. Auf positive Zahlen folgen immer negative Zahlen. Und auf negative Zahlen folgen immer positive. Addiere also 31 und ändere das Vorzeichen.

Aufgabe 17:

Lösungshilfe:
Die Zahlen ändern sich mit jedem Schritt um 112.

Korrekt ist hier 628. Füge der letzten Zahl der Reihe 112 hinzu – und schon hast du die Lösung.

Aufgabe 18:

Lösungshilfe:
Die Zahlen werden in jedem Schritt mit 2 multipliziert und es wird 24 addiert.

Korrekt ist hier 1768. Multipliziere die letzten Zahl der Reihe mit 2. Füge dann 24 hinzu.

Aufgabe 19:

Lösungshilfe:
Die Zahlen ändern sich mit jedem Schritt um 96.

Korrekt ist hier 533. Füge der letzten Zahl der Reihe 96 hinzu – und schon hast du die Lösung.

Aufgabe 20:

Korrekt ist hier -42. In jedem Schritt wird 16 addiert und die addierte Zahl um 11 verkleinert.

Selbsteinschätzung

Zahlenreihen für Fortgeschrittene - Test

Auf dieser Seite kannst du deinen Lernfortschritt dokumentieren. Das hilft dir dabei, deinen Lernfortschritt zu reflektieren und ein Gefühl dafür zu bekommen, wie sicher du in diesem Themenbereich bereits bist.

Die Aufgaben dieses Tests fielen mir leicht.

○ Stimme gar nicht zu — ○ Stimme eher nicht zu — ○ Ich bin neutral — ○ Stimme eher zu — ○ Stimme voll zu

Die Aufgaben, bei denen ich mir sicher war, waren dann auch richtig.

○ Stimme gar nicht zu — ○ Stimme eher nicht zu — ○ Ich bin neutral — ○ Stimme eher zu — ○ Stimme voll zu

Ich habe die Aufgabenstellung immer gut verstanden.

○ Stimme gar nicht zu — ○ Stimme eher nicht zu — ○ Ich bin neutral — ○ Stimme eher zu — ○ Stimme voll zu

Ich war beim Lösen der Aufgaben schnell.

○ Stimme gar nicht zu — ○ Stimme eher nicht zu — ○ Ich bin neutral — ○ Stimme eher zu — ○ Stimme voll zu

Ich habe eine gute Strategie entwickelt, wie ich an die Aufgabe herangehen kann.

○ Stimme gar nicht zu — ○ Stimme eher nicht zu — ○ Ich bin neutral — ○ Stimme eher zu — ○ Stimme voll zu

TestHelden Discord-Community

Schon gewusst? Am besten lernt es sich gemeinsam. Deshalb bieten wir dir die Möglichkeit, dich mit Anderen zu vernetzen. Teile jetzt deine Ergebnisse in unserer Lerngruppe auf Discord und lass uns in den Austausch treten! Schreibe in deine Nachricht einfach das Stichwort "Lernfortschritt" und den Namen des Tests.

Zu unseren Lerngruppen geht es hier:
www.testhelden.com/discord

Übung: Das unpassende Wort finden

Darum geht es in dieser Übung: In diesem Themenbereich findest du Aufgaben, das unpassende Wort zu finden. Dein Lernziel ist es, Wörter einzuordnen und zu kategorisieren.

Tipp: Wie immer kannst du diese Seite hier nutzen, um dir einige Notizen zu machen. Du kannst zum Beispiel festhalten, welche Erwartungen du an den Test hast, was dir beim Üben aufgefallen ist oder was dir besonders schwer oder leicht gefallen ist.

🚀 Deine Notizen:

Aufgaben

Frage 1:

Welches Wort passt nicht in die Reihe?
Umsatz, Gewinn, Erlös, Rendite, Investition?

- ☐ A: Gewinn
- ☐ B: Erlös
- ☐ C: Investition
- ☐ D: Rendite

Frage 2:

Welches Wort passt nicht in die Reihe?
Neptun, Titan, Saturn, Jupiter, Uranus?

- ☐ A: Saturn
- ☐ B: Jupiter
- ☐ C: Titan
- ☐ D: Uranus

Frage 3:

Welches Wort passt nicht in die Reihe?
Ätna, Kilimandscharo, Vesuv, Krakatau, Eyjafjallajökull?

- ☐ A: Vesuv
- ☐ B: Krakatau
- ☐ C: Kilimandscharo
- ☐ D: Eyjafjallajökull

Frage 4:

Welches Wort passt nicht in die Reihe?
Eiche, Buche, Birke, Erle, Fichte?

- ☐ A: Buche
- ☐ B: Fichte
- ☐ C: Birke
- ☐ D: Erle

Frage 5:

Welches Wort passt nicht in die Reihe?
Island, Malta, Kuba, Panama, Sri Lanka?

- ☐ A: Malta
- ☐ B: Kuba
- ☐ C: Panama
- ☐ D: Sri Lanka

Frage 6:

Welches Wort passt nicht in die Reihe?
Holz, Wasser, Zement, Stein, Glas?

- ☐ A: Zement
- ☐ B: Stein
- ☐ C: Glas
- ☐ D: Wasser

Frage 7:

Welches Wort passt nicht in die Reihe?
Rücken, Brust, Freistil, Schmetterling, Tauchen?

- ☐ A: Tauchen
- ☐ B: Brust
- ☐ C: Freistil
- ☐ D: Schmetterling

Frage 8:

Welches Wort passt nicht in die Reihe?
Kugel, Kegel, Pyramide, Zylinder, Kreis?

- ☐ A: Kegel
- ☐ B: Kreis
- ☐ C: Pyramide
- ☐ D: Zylinder

Frage 9:

Welches Wort passt nicht in die Reihe?
Roggen, Mais, Gerste, Raps, Dinkel?

- ☐ A: Mais
- ☐ B: Gerste
- ☐ C: Dinkel
- ☐ D: Raps

Frage 10:

Welches Wort passt nicht in die Reihe?
Bodensee, Plattensee, Nordsee, Chiemsee, Wörthersee?

- ☐ A: Plattensee
- ☐ B: Nordsee
- ☐ C: Chiemsee
- ☐ D: Wörthersee

Frage 11:

Welches Wort passt nicht in die Reihe?
Raphael Nadal, Boris Becker, Timo Boll, Roger Federer, Novak Djokovic?

- ☐ A: Boris Becker
- ☐ B: Roger Federer
- ☐ C: Timo Boll
- ☐ D: Novak Djokovic

Frage 12:

Welches Wort passt nicht in die Reihe?
Edeka, Netto, Ikea, Aldi, Lidl?

- ☐ A: Ikea
- ☐ B: Netto
- ☐ C: Aldi
- ☐ D: Lidl

Frage 13:

Welches Wort passt nicht in die Reihe?
Schweden, Norwegen, Dänemark, Finnland, Estland?

- ☐ A: Norwegen
- ☐ B: Estland
- ☐ C: Dänemark
- ☐ D: Finnland

Frage 14:

Welches Wort passt nicht in die Reihe?
Holland, Deutschland, Mailand, Grönland, Phantasialand?

- ☐ A: Deutschland
- ☐ B: Phantasialand
- ☐ C: Mailand
- ☐ D: Grönland

Frage 15:

Welches Wort passt nicht in die Reihe?
Schild, Schwert, Schutzweste, Helm, Kettenhemd?

- ☐ A: Schutzweste
- ☐ B: Helm
- ☐ C: Kettenhemd
- ☐ D: Schwert

Frage 16:

Welches Wort passt nicht in die Reihe?
spazieren, wandern, flanieren, hangeln, gehen?

- ☐ A: wandern
- ☐ B: hangeln
- ☐ C: flanieren
- ☐ D: gehen

Frage 17:

Welches Wort passt nicht in die Reihe?
Hobel, Hammer, Nagel, Zange, Säge?

- ☐ A: Hammer
- ☐ B: Zange
- ☐ C: Säge
- ☐ D: Nagel

Frage 18:

Welches Wort passt nicht in die Reihe?
Zugspitze, Matterhorn, Vesuv, Großglockner, Mont Blanc?

- ☐ A: Matterhorn
- ☐ B: Großglockner
- ☐ C: Vesuv
- ☐ D: Mont Blanc

Frage 19:

Welches Wort passt nicht in die Reihe?
Honda, Suzuki, Audi, BMW, Ducati?

- ☐ A: Audi
- ☐ B: Suzuki
- ☐ C: BMW
- ☐ D: Ducati

Frage 20:

Welches Wort passt nicht in die Reihe?
Nasenbein, Schienbein, Schlüsselbein, Jochbein, Eisbein?

- ☐ A: Schienenbein
- ☐ B: Schlüsselbein
- ☐ C: Eisbein
- ☐ D: Jochbein

Lösungen

Aufgabe 1:

Korrekt ist hier C. Die richtige Antwort ist: Investition

Aufgabe 2:

Korrekt ist hier C. Die richtige Antwort ist: Titan

Aufgabe 3:

Korrekt ist hier C. Die richtige Antwort ist: Kilimandscharo

Aufgabe 4:

Korrekt ist hier B. Die richtige Antwort ist: Fichte

Aufgabe 5:

Lösungshilfe:
Hier werden drei Inselstaaten genannt und eine Region, die kein Inselstaat ist.

Korrekt ist hier C. Die richtige Antwort ist: Panama. Hier werden drei Inselstaaten genannt. Panama ist unpassend, da Panama kein Inselstaat ist.

Aufgabe 6:

Lösungshilfe:
Alle Wörter bis auf ein Wort bezeichnen feste Stoffe.

Korrekt ist hier D. Die richtige Antwort ist: Wasser

Aufgabe 7:

Korrekt ist hier A. Die richtige Antwort ist: Tauchen

Aufgabe 8:

💡 Lösungshilfe:
Eines der Wörter steht für einen zweidimensionalen Körper, während die anderen Körper dreidimensional sind.

Korrekt ist hier B. Die richtige Antwort ist: Kreis

Aufgabe 9:

Korrekt ist hier D. Die richtige Antwort ist: Raps

Aufgabe 10:

Korrekt ist hier B. Die richtige Antwort ist: Nordsee

Aufgabe 11:

Korrekt ist hier C. Die richtige Antwort ist: Timo Boll

Aufgabe 12:

Korrekt ist hier A. Die richtige Antwort ist: Ikea

Aufgabe 13:

Korrekt ist hier B. Die richtige Antwort ist: Estland

Aufgabe 14:

Korrekt ist hier B. Die richtige Antwort ist: Phantasialand

Aufgabe 15:

Korrekt ist hier D. Die richtige Antwort ist: Schwert

Aufgabe 16:

Korrekt ist hier B. Die richtige Antwort ist: hangeln

Aufgabe 17:

Korrekt ist hier D. Die richtige Antwort ist: Nagel

Aufgabe 18:

Korrekt ist hier C. Die richtige Antwort ist: Vesuv

Aufgabe 19:

Korrekt ist hier A. Die richtige Antwort ist: Audi

Aufgabe 20:

Korrekt ist hier C. Die richtige Antwort ist: Eisbein

Selbsteinschätzung

Das unpassende Wort finden - Test

Auf dieser Seite kannst du deinen Lernfortschritt dokumentieren. Das hilft dir dabei, deinen Lernfortschritt zu reflektieren und ein Gefühl dafür zu bekommen, wie sicher du in diesem Themenbereich bereits bist.

Die Aufgaben dieses Tests fielen mir leicht.

Stimme gar nicht zu	Stimme eher nicht zu	Ich bin neutral	Stimme eher zu	Stimme voll zu
○	○	○	○	○

Die Aufgaben, bei denen ich mir sicher war, waren dann auch richtig.

Stimme gar nicht zu	Stimme eher nicht zu	Ich bin neutral	Stimme eher zu	Stimme voll zu
○	○	○	○	○

Ich habe die Aufgabenstellung immer gut verstanden.

Stimme gar nicht zu	Stimme eher nicht zu	Ich bin neutral	Stimme eher zu	Stimme voll zu
○	○	○	○	○

Ich war beim Lösen der Aufgaben schnell.

Stimme gar nicht zu	Stimme eher nicht zu	Ich bin neutral	Stimme eher zu	Stimme voll zu
○	○	○	○	○

Ich habe eine gute Strategie entwickelt, wie ich an die Aufgabe herangehen kann.

Stimme gar nicht zu	Stimme eher nicht zu	Ich bin neutral	Stimme eher zu	Stimme voll zu
○	○	○	○	○

Übung: Rechnen

Darum geht es in dieser Übung: In diesem Themenbereich erhältst du Aufgaben zu den Rechenoperationen Addieren (+), Subtrahieren (-), Multiplizieren (*) und Dividieren (:). Dein Lernziel ist es, das Rechnen zu beherrschen.

♫ Zu diesem Test findest du Medieninhalte direkt in deinem Online-Kurs.

> Tipp: Wie immer kannst du diese Seite hier nutzen, um dir einige Notizen zu machen. Du kannst zum Beispiel festhalten, welche Erwartungen du an den Test hast, was dir beim Üben aufgefallen ist oder was dir besonders schwer oder leicht gefallen ist.

🚀 Deine Notizen:

Aufgaben

Frage 1:

Gib das Ergebnis an:
17 : 2 * 20 - 19 = ?

Deine Lösung:

✎ ________________________________

Frage 2:

Gib das Ergebnis an:
(5 + 11) * 20 : 10 = ?

Deine Lösung:

✎ ________________________________

Frage 3:

Gib das Ergebnis an:
99 : 9 = ?

Deine Lösung:

✎ ________________________________

Frage 4:

Gib das Ergebnis an:
35 * 15 : 2 + 3,5 = ?

Deine Lösung:

✎ ________________________________

Frage 5:

Gib das Ergebnis an:
7623 - 3924 * 1,5 = ?

Deine Lösung:

✎ ________________________________

Frage 6:

Gib das Ergebnis an:
129 - 23 * 4 = ?

Deine Lösung:

✎ ____________________________

Frage 7:

Gib das Ergebnis an:
89 + 725 = ?

Deine Lösung:

✎ ____________________________

Frage 8:

Gib das Ergebnis an:
80 + 12 * 3 = ?

Deine Lösung:

✎ ____________________________

Frage 9:

Gib das Ergebnis an:
54 - 72 * 3 = ?

Deine Lösung:

✎ ____________________________

Frage 10:

Gib das Ergebnis an:
100 : 25 - 55 = ?

Deine Lösung:

✎ ____________________________

Frage 11:

Gib das Ergebnis an:
7 * (5 - 3) : 2 * 23 = ?

Deine Lösung:

____

Frage 12:

Gib das Ergebnis an:
23 + 76 = ?

Deine Lösung:

____

Frage 13:

Gib das Ergebnis an:
91 * -6 + 4 = ?

Deine Lösung:

____

Frage 14:

Gib das Ergebnis an:
27 - 49 = ?

Deine Lösung:

____

Frage 15:

Gib das Ergebnis an:
(55 + 45) : 60 * 4 = ?
Gib bitte eine Nachkommastelle an.

Deine Lösung:

____

Frage 16:

Gib das Ergebnis an:
7 * 9 - (2 * 11) = ?

Deine Lösung:

____

Frage 17:

Gib das Ergebnis an:
87 * 3 : 4 = ?
Gib bitte zwei Nachkommastellen an.

Deine Lösung:

____

Frage 18:

Gib das Ergebnis an:
64 : 16 + 7 * 9 = ?

Deine Lösung:

____

Frage 19:

Gib das Ergebnis an:
72 : 2 * (6 * 3) = ?

Deine Lösung:

____

Frage 20:

Gib das Ergebnis an:
2 : 2 + 11 - 37 = ?

Deine Lösung:

____

Lösungen

Aufgabe 1:
Die richtige Antwort ist: 151

Aufgabe 2:
Die richtige Antwort ist: 32

Aufgabe 3:
Die richtige Antwort ist: 11

Aufgabe 4:
Die richtige Antwort ist: 266

Aufgabe 5:
Die richtige Antwort ist: 1737

Aufgabe 6:
Die richtige Antwort ist: 37

Aufgabe 7:
Die richtige Antwort ist: 814

Aufgabe 8:
Die richtige Antwort ist: 116

Aufgabe 9:
Die richtige Antwort ist: -162

Aufgabe 10:
Die richtige Antwort ist: -51

Aufgabe 11:
Die richtige Antwort ist: 161

Aufgabe 12:
Die richtige Antwort ist: 99

Aufgabe 13:
Die richtige Antwort ist: -542

Aufgabe 14:
Die richtige Antwort ist: -22

Aufgabe 15:
Die richtige Antwort ist: 6,7

Aufgabe 16:
Die richtige Antwort ist: 41

Aufgabe 17:
Die richtige Antwort ist: 65,25

Aufgabe 18:
Die richtige Antwort ist: 67

Aufgabe 19:
Die richtige Antwort ist: 648

Aufgabe 20:
Die richtige Antwort ist: -25

Selbsteinschätzung

Rechnen - Test

Auf dieser Seite kannst du deinen Lernfortschritt dokumentieren. Das hilft dir dabei, deinen Lernfortschritt zu reflektieren und ein Gefühl dafür zu bekommen, wie sicher du in diesem Themenbereich bereits bist.

Die Aufgaben dieses Tests fielen mir leicht.

Stimme gar nicht zu – Stimme eher nicht zu – Ich bin neutral – Stimme eher zu – Stimme voll zu

---

Die Aufgaben, bei denen ich mir sicher war, waren dann auch richtig.

Stimme gar nicht zu – Stimme eher nicht zu – Ich bin neutral – Stimme eher zu – Stimme voll zu

---

Ich habe die Aufgabenstellung immer gut verstanden.

Stimme gar nicht zu – Stimme eher nicht zu – Ich bin neutral – Stimme eher zu – Stimme voll zu

---

Ich war beim Lösen der Aufgaben schnell.

Stimme gar nicht zu – Stimme eher nicht zu – Ich bin neutral – Stimme eher zu – Stimme voll zu

---

Ich habe eine gute Strategie entwickelt, wie ich an die Aufgabe herangehen kann.

Stimme gar nicht zu – Stimme eher nicht zu – Ich bin neutral – Stimme eher zu – Stimme voll zu

TestHelden Discord-Community

Schon gewusst? Am besten lernt es sich gemeinsam. Deshalb bieten wir dir die Möglichkeit, dich mit Anderen zu vernetzen. Teile jetzt deine Ergebnisse in unserer Lerngruppe auf Discord und lass uns in den Austausch treten! Schreibe in deine Nachricht einfach das Stichwort "Lernfortschritt" und den Namen des Tests.

Zu unseren Lerngruppen geht es hier:
www.testhelden.com/discord

Übung: Symbolraster vergleichen

Darum geht es in dieser Übung: Du siehst hier zwei Raster mit Symbolen. Das Raster auf der linken Seite ist das Originalraster. Was ist im zweiten Raster anders?

Tipp: Wie immer kannst du diese Seite hier nutzen, um dir einige Notizen zu machen. Du kannst zum Beispiel festhalten, welche Erwartungen du an den Test hast, was dir beim Üben aufgefallen ist oder was dir besonders schwer oder leicht gefallen ist.

🚀 Deine Notizen:

Aufgaben

Frage 1:

Gegeben sind zwei Raster mit Symbolen. Das Raster auf der rechten Seite ist gedreht. In welcher Zeile des Originalrasters wurde im Vergleich zum gedrehten Raster ein Symbol geändert?

A: Zeile 5 des Originalrasters wurde verändert.

B: Zeile 2 des Originalrasters wurde verändert.

C: Zeile 3 des Originalrasters wurde verändert.

D: Zeile 4 des Originalrasters wurde verändert.

Frage 2:

Gegeben sind zwei Raster mit Symbolen. Das Raster auf der rechten Seite ist gedreht. In welcher Zeile des Originalrasters wurde im Vergleich zum gedrehten Raster ein Symbol geändert?

A: Zeile 1 des Originalrasters wurde verändert.

B: Zeile 2 des Originalrasters wurde verändert.

C: Zeile 3 des Originalrasters wurde verändert.

D: Zeile 4 des Originalrasters wurde verändert.

Frage 3:

Gegeben sind zwei Raster mit Symbolen. Das Raster auf der rechten Seite ist gedreht. In welcher Zeile des Originalrasters wurde im Vergleich zum gedrehten Raster ein Symbol geändert?

A: Zeile 1 des Originalrasters wurde verändert.

B: Zeile 2 des Originalrasters wurde verändert.

C: Zeile 3 des Originalrasters wurde verändert.

D: Zeile 4 des Originalrasters wurde verändert.

Frage 4:

Gegeben sind zwei Raster mit Symbolen. Das Raster auf der rechten Seite ist gedreht. In welcher Zeile des Originalrasters wurde im Vergleich zum gedrehten Raster ein Symbol geändert?

A: Zeile 1 des Originalrasters wurde verändert.

B: Zeile 2 des Originalrasters wurde verändert.

C: Zeile 3 des Originalrasters wurde verändert.

D: Zeile 4 des Originalrasters wurde verändert.

Frage 5:

Gegeben sind zwei Raster mit Symbolen. Das Raster auf der rechten Seite ist gedreht. In welcher Zeile des Originalrasters wurde im Vergleich zum gedrehten Raster ein Symbol geändert?

A: Zeile 5 des Originalrasters wurde verändert.

B: Zeile 2 des Originalrasters wurde verändert.

C: Zeile 3 des Originalrasters wurde verändert.

D: Zeile 4 des Originalrasters wurde verändert.

Frage 6:

Gegeben sind zwei Raster mit Symbolen. Das Raster auf der rechten Seite ist gedreht. In welcher Zeile des Originalrasters wurde im Vergleich zum gedrehten Raster ein Symbol geändert?

A: Zeile 1 des Originalrasters wurde verändert.

B: Zeile 2 des Originalrasters wurde verändert.

C: Zeile 3 des Originalrasters wurde verändert.

D: Zeile 4 des Originalrasters wurde verändert.

Frage 7:

Gegeben sind zwei Raster mit Symbolen. Das Raster auf der rechten Seite ist gedreht. In welcher Zeile des Originalrasters wurde im Vergleich zum gedrehten Raster ein Symbol geändert?

A: Zeile 5 des Originalrasters wurde verändert.

B: Zeile 2 des Originalrasters wurde verändert.

C: Zeile 3 des Originalrasters wurde verändert.

D: Zeile 4 des Originalrasters wurde verändert.

Frage 8:

Gegeben sind zwei Raster mit Symbolen. Das Raster auf der rechten Seite ist gedreht. In welcher Zeile des Originalrasters wurde im Vergleich zum gedrehten Raster ein Symbol geändert?

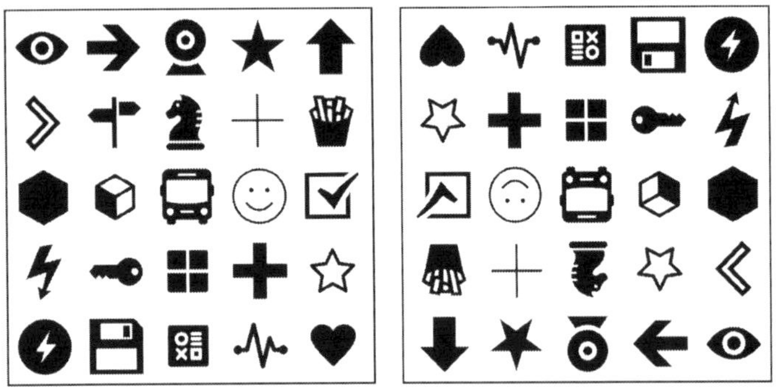

A: Zeile 1 des Originalrasters wurde verändert.

B: Zeile 2 des Originalrasters wurde verändert.

C: Zeile 3 des Originalrasters wurde verändert.

D: Zeile 4 des Originalrasters wurde verändert.

Frage 9:

Gegeben sind zwei Raster mit Symbolen. Das Raster auf der rechten Seite ist gedreht. In welcher Zeile des Originalrasters wurde im Vergleich zum gedrehten Raster ein Symbol geändert?

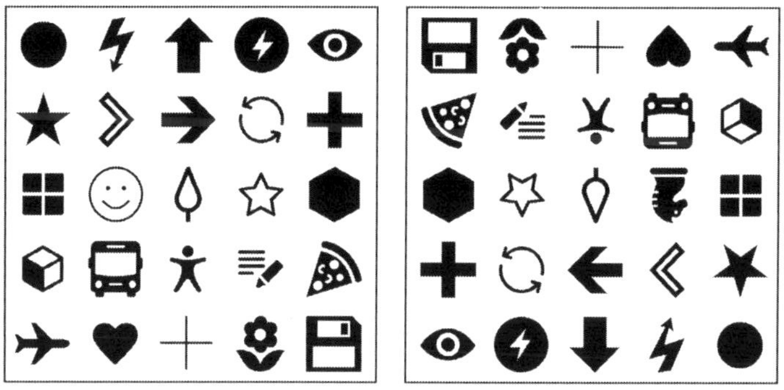

A: Zeile 1 des Originalrasters wurde verändert.

B: Zeile 2 des Originalrasters wurde verändert.

C: Zeile 3 des Originalrasters wurde verändert.

D: Zeile 4 des Originalrasters wurde verändert.

Frage 10:

Gegeben sind zwei Raster mit Symbolen. Das Raster auf der rechten Seite ist gedreht. In welcher Zeile des Originalrasters wurde im Vergleich zum gedrehten Raster ein Symbol geändert?

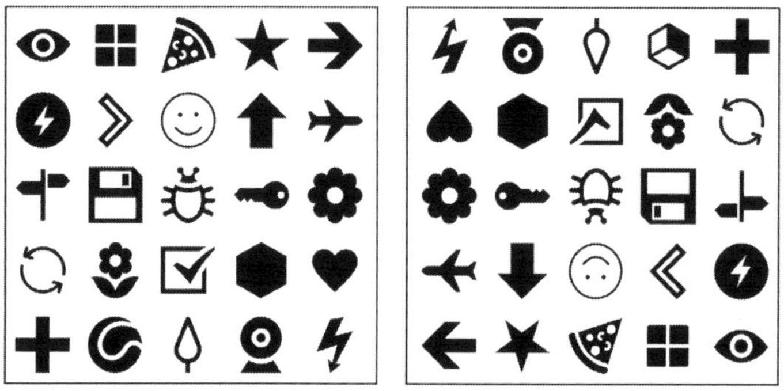

A: Zeile 5 des Originalrasters wurde verändert.

B: Zeile 2 des Originalrasters wurde verändert.

C: Zeile 3 des Originalrasters wurde verändert.

D: Zeile 4 des Originalrasters wurde verändert.

Frage 11:

Gegeben sind zwei Raster mit Symbolen. Das Raster auf der rechten Seite ist gedreht. In welcher Zeile des Originalrasters wurde im Vergleich zum gedrehten Raster ein Symbol geändert?

A: Zeile 1 des Originalrasters wurde verändert.

B: Zeile 2 des Originalrasters wurde verändert.

C: Zeile 3 des Originalrasters wurde verändert.

D: Zeile 4 des Originalrasters wurde verändert.

Frage 12:

Gegeben sind zwei Raster mit Symbolen. Das Raster auf der rechten Seite ist gedreht. In welcher Zeile des Originalrasters wurde im Vergleich zum gedrehten Raster ein Symbol geändert?

A: Zeile 5 des Originalrasters wurde verändert.

B: Zeile 2 des Originalrasters wurde verändert.

C: Zeile 3 des Originalrasters wurde verändert.

D: Zeile 4 des Originalrasters wurde verändert.

Frage 13:

Gegeben sind zwei Raster mit Symbolen. Das Raster auf der rechten Seite ist gedreht. In welcher Zeile des Originalrasters wurde im Vergleich zum gedrehten Raster ein Symbol geändert?

A: Zeile 1 des Originalrasters wurde verändert.

B: Zeile 2 des Originalrasters wurde verändert.

C: Zeile 3 des Originalrasters wurde verändert.

D: Zeile 4 des Originalrasters wurde verändert.

Frage 14:

Gegeben sind zwei Raster mit Symbolen. Das Raster auf der rechten Seite ist gedreht. In welcher Zeile des Originalrasters wurde im Vergleich zum gedrehten Raster ein Symbol geändert?

A: Zeile 5 des Originalrasters wurde verändert.

B: Zeile 2 des Originalrasters wurde verändert.

C: Zeile 3 des Originalrasters wurde verändert.

D: Zeile 4 des Originalrasters wurde verändert.

Frage 15:

Gegeben sind zwei Raster mit Symbolen. Das Raster auf der rechten Seite ist gedreht. In welcher Zeile des Originalrasters wurde im Vergleich zum gedrehten Raster ein Symbol geändert?

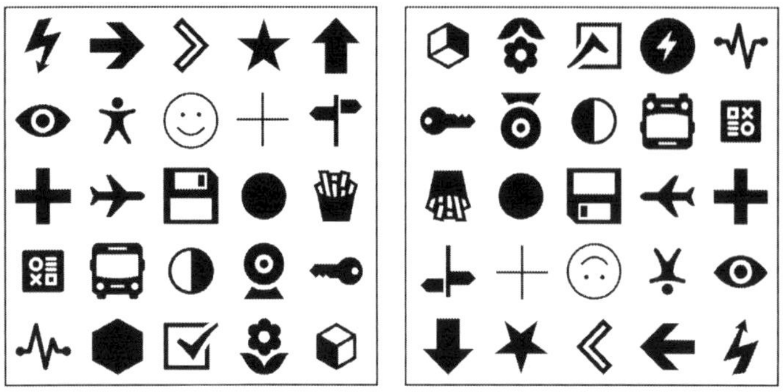

A: Zeile 5 des Originalrasters wurde verändert.

B: Zeile 2 des Originalrasters wurde verändert.

C: Zeile 3 des Originalrasters wurde verändert.

D: Zeile 4 des Originalrasters wurde verändert.

Frage 16:

Gegeben sind zwei Raster mit Symbolen. Das Raster auf der rechten Seite ist gedreht. In welcher Zeile des Originalrasters wurde im Vergleich zum gedrehten Raster ein Symbol geändert?

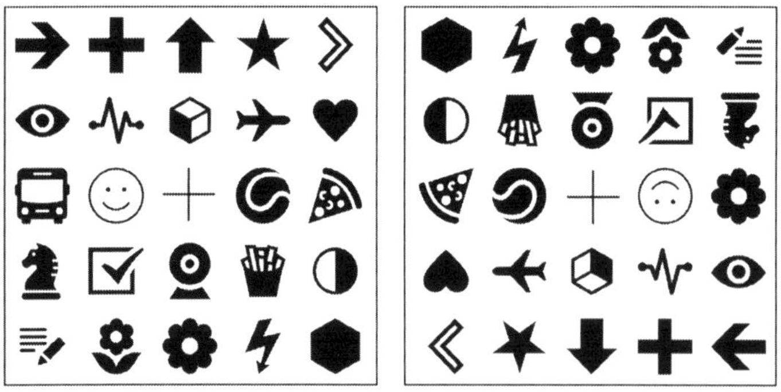

A: Zeile 1 des Originalrasters wurde verändert.

B: Zeile 2 des Originalrasters wurde verändert.

C: Zeile 3 des Originalrasters wurde verändert.

D: Zeile 4 des Originalrasters wurde verändert.

Frage 17:

Gegeben sind zwei Raster mit Symbolen. Das Raster auf der rechten Seite ist gedreht. In welcher Zeile des Originalrasters wurde im Vergleich zum gedrehten Raster ein Symbol geändert?

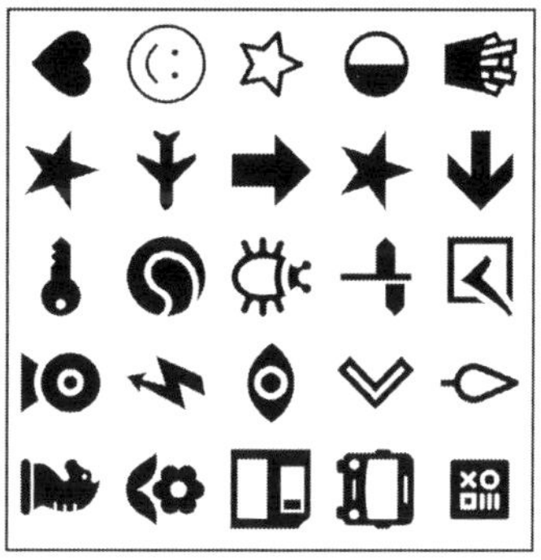

A: Zeile 5 des Originalrasters wurde verändert.

B: Zeile 2 des Originalrasters wurde verändert.

C: Zeile 3 des Originalrasters wurde verändert.

D: Zeile 4 des Originalrasters wurde verändert.

Frage 18:

Gegeben sind zwei Raster mit Symbolen. Das Raster auf der rechten Seite ist gedreht. In welcher Zeile des Originalrasters wurde im gedrehten Raster ein Symbol geändert?

A: Zeile 5 des Originalrasters wurde verändert.

B: Zeile 2 des Originalrasters wurde verändert.

C: Zeile 3 des Originalrasters wurde verändert.

D: Zeile 4 des Originalrasters wurde verändert.

Frage 19:

Gegeben sind zwei Raster mit Symbolen. Das Raster auf der rechten Seite ist gedreht. In welcher Zeile des Originalrasters wurde im Vergleich zum gedrehten Raster ein Symbol geändert?

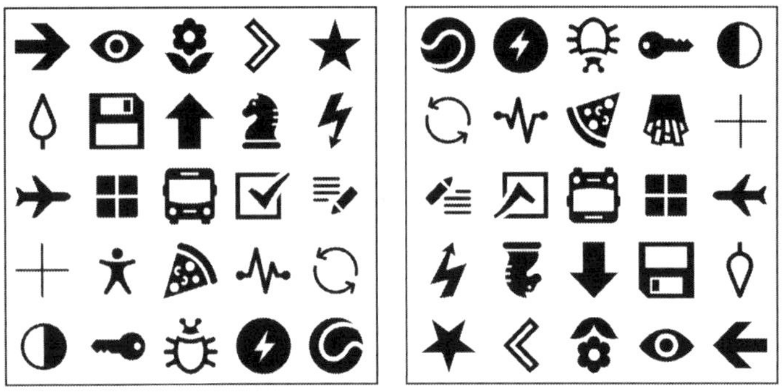

A: Zeile 5 des Originalrasters wurde verändert.

B: Zeile 2 des Originalrasters wurde verändert.

C: Zeile 3 des Originalrasters wurde verändert.

D: Zeile 4 des Originalrasters wurde verändert.

Lösungen

Aufgabe 1:

Korrekt ist hier A.

Aufgabe 2:

Korrekt ist hier A.

Aufgabe 3:

Korrekt ist hier D.

Aufgabe 4:

Korrekt ist hier B.

Aufgabe 5:

Korrekt ist hier A.

Aufgabe 6:

Korrekt ist hier C.

Aufgabe 7:

Korrekt ist hier B.

Aufgabe 8:

Korrekt ist hier B.

Aufgabe 9:

Korrekt ist hier C.

Aufgabe 10:

Korrekt ist hier A.

Aufgabe 11:

Korrekt ist hier D.

Aufgabe 12:

Korrekt ist hier C.

Aufgabe 13:

Korrekt ist hier D.

Aufgabe 14:

Korrekt ist hier A.

Aufgabe 15:

Korrekt ist hier C.

Aufgabe 16:

Korrekt ist hier C.

Aufgabe 17:

Korrekt ist hier A.

Aufgabe 18:

Korrekt ist hier B.

Aufgabe 19:

Korrekt ist hier D.

Selbsteinschätzung

Symbolraster vergleichen - Test

Auf dieser Seite kannst du deinen Lernfortschritt dokumentieren. Das hilft dir dabei, deinen Lernfortschritt zu reflektieren und ein Gefühl dafür zu bekommen, wie sicher du in diesem Themenbereich bereits bist.

Die Aufgaben dieses Tests fielen mir leicht.

○ Stimme gar nicht zu — ○ Stimme eher nicht zu — ○ Ich bin neutral — ○ Stimme eher zu — ○ Stimme voll zu

---

Die Aufgaben, bei denen ich mir sicher war, waren dann auch richtig.

○ Stimme gar nicht zu — ○ Stimme eher nicht zu — ○ Ich bin neutral — ○ Stimme eher zu — ○ Stimme voll zu

---

Ich habe die Aufgabenstellung immer gut verstanden.

○ Stimme gar nicht zu — ○ Stimme eher nicht zu — ○ Ich bin neutral — ○ Stimme eher zu — ○ Stimme voll zu

---

Ich war beim Lösen der Aufgaben schnell.

○ Stimme gar nicht zu — ○ Stimme eher nicht zu — ○ Ich bin neutral — ○ Stimme eher zu — ○ Stimme voll zu

---

Ich habe eine gute Strategie entwickelt, wie ich an die Aufgabe herangehen kann.

○ Stimme gar nicht zu — ○ Stimme eher nicht zu — ○ Ich bin neutral — ○ Stimme eher zu — ○ Stimme voll zu

TestHelden Discord-Community

Schon gewusst? Am besten lernt es sich gemeinsam. Deshalb bieten wir dir die Möglichkeit, dich mit Anderen zu vernetzen. Teile jetzt deine Ergebnisse in unserer Lerngruppe auf Discord und lass uns in den Austausch treten! Schreibe in deine Nachricht einfach das Stichwort "Lernfortschritt" und den Namen des Tests.

Zu unseren Lerngruppen geht es hier:
www.testhelden.com/discord

Übung: Ergebnisse schätzen

Darum geht es in dieser Übung: In diesem Themenbereich erhältst du Aufgaben, bei denen du das Ergebnis schätzen musst. Dein Lernziel ist es, ein Gefühl für die Rechenoperationen und die Größenordnung beim Rechnen mit großen Zahlen zu erhalten.

♫ Zu diesem Test findest du Medieninhalte direkt in deinem Online-Kurs.

> Tipp: Wie immer kannst du diese Seite hier nutzen, um dir einige Notizen zu machen. Du kannst zum Beispiel festhalten, welche Erwartungen du an den Test hast, was dir beim Üben aufgefallen ist oder was dir besonders schwer oder leicht gefallen ist.

🚀 Deine Notizen:

Aufgaben

Frage 1:

Schätze das Ergebnis des folgenden Anteils:
6,7% von 5553

- ☐ A: 97,20
- ☐ B: 200,5
- ☐ C: 372,1
- ☐ D: 587,4

Frage 2:

Schätze das Ergebnis des folgenden Anteils:
3,1% von 6342

- ☐ A: 102
- ☐ B: 124
- ☐ C: 160
- ☐ D: 196

Frage 3:

Schätze das Ergebnis der folgenden Gleichung:
6125/35

- ☐ A: 112
- ☐ B: 115
- ☐ C: 156
- ☐ D: 175

Frage 4:

Schätze das Ergebnis der folgenden Gleichung:
814x193

- ☐ A: 145.114
- ☐ B: 152.080
- ☐ C: 155.316
- ☐ D: 157.102

Frage 5:

Schätze das Ergebnis der folgenden Gleichung:
4300x800

- ☐ A: 3.440.000,00
- ☐ B: 344.000,00
- ☐ C: 34.400,00
- ☐ D: 34.400.000,00

Frage 6:

Schätze das Ergebnis der folgenden Gleichung:
59.706-2.831-44.079

- ☐ A: 12.545
- ☐ B: 12.594
- ☐ C: 12.624
- ☐ D: 12.796

Frage 7:

Schätze das Ergebnis der folgenden Gleichung:
60.226+77.784+51.387

- ☐ A: 189.312
- ☐ B: 189.397
- ☐ C: 189.411
- ☐ D: 189.556

Frage 8:

Schätze das Ergebnis der folgenden Gleichung:
86.675-7.616-21.402

- ☐ A: 55.653,00
- ☐ B: 56.913,00
- ☐ C: 57.657,00
- ☐ D: 58.349,00

Frage 9:

Schätze das Ergebnis der folgenden Gleichung:
95.877+42.271+4.686

- ☐ A: 142.834
- ☐ B: 142.889
- ☐ C: 142.925
- ☐ D: 142.982

Frage 10:

Schätze das Ergebnis der folgenden Gleichung:
9792/24

- ☐ A: 308,00
- ☐ B: 408
- ☐ C: 508
- ☐ D: 608

Frage 11:

Schätze das Ergebnis des folgenden Anteils:
5,3% von 5051

- ☐ A: 267,70
- ☐ B: 300,7
- ☐ C: 354,9
- ☐ D: 399,2

Frage 12:

Schätze das Ergebnis des folgenden Anteils:
10,2% von 9536

- ☐ A: 934,20
- ☐ B: 955,8
- ☐ C: 972,7
- ☐ D: 1.050,10

Frage 13:

Schätze das Ergebnis der folgenden Gleichung:
84.926-75.479-4.748

- ☐ A: 4.299
- ☐ B: 4.699
- ☐ C: 5.019
- ☐ D: 5.169

Frage 14:

Schätze das Ergebnis der folgenden Gleichung:
692x607

- ☐ A: 400.044
- ☐ B: 410.044
- ☐ C: 420.044
- ☐ D: 430.044

Frage 15:

Schätze das Ergebnis der folgenden Gleichung:
900x13000

- ☐ A: 11.700,00
- ☐ B: 117.000,00
- ☐ C: 1.170.000,00
- ☐ D: 11.700.000,00

Frage 16:

Schätze das Ergebnis der folgenden Gleichung:
3.350+53.875+95.688

- ☐ A: 150.711,00
- ☐ B: 151.527,00
- ☐ C: 152.913,00
- ☐ D: 153.115,00

Frage 17:

Schätze das Ergebnis der folgenden Gleichung:
400x500

- ☐ A: 20.000,00
- ☐ B: 200.000,00
- ☐ C: 2.000.000,00
- ☐ D: 20.000.000,00

Frage 18:

Schätze das Ergebnis des folgenden Anteils:
2,5% von 7223

- ☐ A: 160,60
- ☐ B: 170,6
- ☐ C: 180,6
- ☐ D: 190,6

Frage 19:

Schätze das Ergebnis der folgenden Gleichung:
142x144

- ☐ A: 19.448,00
- ☐ B: 19.888,00
- ☐ C: 20.448,00
- ☐ D: 20.612,00

Frage 20:

Schätze das Ergebnis der folgenden Gleichung:
692x212

- ☐ A: 146.704
- ☐ B: 148.204
- ☐ C: 150.816
- ☐ D: 152.824

Lösungen

Aufgabe 1:

💡 Lösungshilfe:
Bitte nimm keinen Taschenrechner! Ziel der Aufgabe ist es, dass du ein Gefühl entwickelst, wie du Ergebnisse bei solchen Aufgaben schätzen kannst.

Korrekt ist hier C.

Aufgabe 2:

Korrekt ist hier D.

Aufgabe 3:

Korrekt ist hier D.

Aufgabe 4:

Korrekt ist hier D.

Aufgabe 5:

Korrekt ist hier A.

Aufgabe 6:

Korrekt ist hier D.

Aufgabe 7:

Korrekt ist hier B.

Aufgabe 8:

Korrekt ist hier C.

Aufgabe 9:

Korrekt ist hier A.

Aufgabe 10:

Korrekt ist hier B.

Aufgabe 11:

Korrekt ist hier A.

Aufgabe 12:

Korrekt ist hier C.

Aufgabe 13:

Korrekt ist hier B.

Aufgabe 14:

Korrekt ist hier C.

Aufgabe 15:

Korrekt ist hier D.

Aufgabe 16:

Korrekt ist hier C.

Aufgabe 17:

Korrekt ist hier B.

Aufgabe 18:

Korrekt ist hier C.

Aufgabe 19:

Korrekt ist hier C.

Aufgabe 20:

Korrekt ist hier A.

Selbsteinschätzung

Ergebnisse schätzen - Test

Auf dieser Seite kannst du deinen Lernfortschritt dokumentieren. Das hilft dir dabei, deinen Lernfortschritt zu reflektieren und ein Gefühl dafür zu bekommen, wie sicher du in diesem Themenbereich bereits bist.

Die Aufgaben dieses Tests fielen mir leicht.

○	○	○	○	○
Stimme gar nicht zu	Stimme eher nicht zu	Ich bin neutral	Stimme eher zu	Stimme voll zu

Die Aufgaben, bei denen ich mir sicher war, waren dann auch richtig.

○	○	○	○	○
Stimme gar nicht zu	Stimme eher nicht zu	Ich bin neutral	Stimme eher zu	Stimme voll zu

Ich habe die Aufgabenstellung immer gut verstanden.

○	○	○	○	○
Stimme gar nicht zu	Stimme eher nicht zu	Ich bin neutral	Stimme eher zu	Stimme voll zu

Ich war beim Lösen der Aufgaben schnell.

○	○	○	○	○
Stimme gar nicht zu	Stimme eher nicht zu	Ich bin neutral	Stimme eher zu	Stimme voll zu

Ich habe eine gute Strategie entwickelt, wie ich an die Aufgabe herangehen kann.

○	○	○	○	○
Stimme gar nicht zu	Stimme eher nicht zu	Ich bin neutral	Stimme eher zu	Stimme voll zu

TestHelden
Discord-Community

Schon gewusst? Am besten lernt es sich gemeinsam. Deshalb bieten wir dir die Möglichkeit, dich mit Anderen zu vernetzen. Teile jetzt deine Ergebnisse in unserer Lerngruppe auf Discord und lass uns in den Austausch treten! Schreibe in deine Nachricht einfach das Stichwort "Lernfortschritt" und den Namen des Tests.

Zu unseren Lerngruppen geht es hier:
www.testhelden.com/discord

Übung: Ergebnisse schätzen für Fortgeschrittene

Darum geht es in dieser Übung: In diesem Themenbereich findest du sehr anspruchsvolle Aufgaben aus dem Bereich Ergebnisse schätzen. Dein Lernziel ist es, auch schwierige Aufgaben meistern zu können und das richtige Ergebnis aus mehreren Ergebnissen auswählen zu können.

Tipp: Wie immer kannst du diese Seite hier nutzen, um dir einige Notizen zu machen. Du kannst zum Beispiel festhalten, welche Erwartungen du an den Test hast, was dir beim Üben aufgefallen ist oder was dir besonders schwer oder leicht gefallen ist.

Deine Notizen:

Aufgaben

Frage 1:

Schätze das Ergebnis. Welcher Wert kommt der richtigen Antwort am nächsten?:
(332*505+1044):12-901 = ?

- ☐ A: 14474
- ☐ B: 26316
- ☐ C: 39474
- ☐ D: 6579

Frage 2:

Schätze das Ergebnis. Welcher Wert kommt der richtigen Antwort am nächsten?:
(400*520+882):15-1988 = ?

- ☐ A: 13131
- ☐ B: 23874
- ☐ C: 35811
- ☐ D: 5968

Frage 3:

Schätze das Ergebnis. Welcher Wert kommt der richtigen Antwort am nächsten?:
(429*535+1572):12-1548 = ?

- ☐ A: 35418
- ☐ B: 53127
- ☐ C: 8854
- ☐ D: 19480

Frage 4:

Schätze das Ergebnis. Welcher Wert kommt der richtigen Antwort am nächsten?:
552/7+1545-1661*7 = ?

- ☐ A: -20006
- ☐ B: -11003
- ☐ C: -25008
- ☐ D: -5002

Frage 5:

Schätze das Ergebnis. Welcher Wert kommt der richtigen Antwort am nächsten?:
(414*290+779):9-1819 = ?

- ☐ A: 23216
- ☐ B: 12769
- ☐ C: 34824
- ☐ D: 5804

Frage 6:

Schätze das Ergebnis. Welcher Wert kommt der richtigen Antwort am nächsten?:
(342*415+1517):11-1497 = ?

- ☐ A: 23088
- ☐ B: 34632
- ☐ C: 12698
- ☐ D: 5772

Frage 7:

Schätze das Ergebnis. Welcher Wert kommt der richtigen Antwort am nächsten?:
372/14+878-1864*6 = ?

- ☐ A: -20558
- ☐ B: -11307
- ☐ C: -25698
- ☐ D: -5140

Frage 8:

Schätze das Ergebnis. Welcher Wert kommt der richtigen Antwort am nächsten?:
1930+(594-455*12):15 = ?

- ☐ A: 2730
- ☐ B: 1767
- ☐ C: 3212
- ☐ D: 642

Frage 9:

Schätze das Ergebnis. Welcher Wert kommt der richtigen Antwort am nächsten?:
382/8+604-624*15 = ?

- ☐ A: -17416
- ☐ B: -9579
- ☐ C: -21770
- ☐ D: -4354

Frage 10:

Schätze das Ergebnis. Welcher Wert kommt der richtigen Antwort am nächsten?:
(369*376+1182):12-1190 = ?

- ☐ A: 20940
- ☐ B: 31410
- ☐ C: 11517
- ☐ D: 5235

Frage 11:

Schätze das Ergebnis. Welcher Wert kommt der richtigen Antwort am nächsten?:
439/12+742-890*12 = ?

- ☐ A: -19802
- ☐ B: -10891
- ☐ C: -24752
- ☐ D: -4950

Frage 12:

Schätze das Ergebnis. Welcher Wert kommt der richtigen Antwort am nächsten?:
(263*262+1848):15-614 = ?

- ☐ A: 8206
- ☐ B: 12309
- ☐ C: 4513
- ☐ D: 2052

Frage 13:

Schätze das Ergebnis. Welcher Wert kommt der richtigen Antwort am nächsten?:
1464+(516-333*12):8 = ?

- ☐ A: 1749
- ☐ B: 1132
- ☐ C: 2058
- ☐ D: 412

Frage 14:

Schätze das Ergebnis. Welcher Wert kommt der richtigen Antwort am nächsten?:
(432*485+1135):11-1982 = ?

- ☐ A: 34336
- ☐ B: 18885
- ☐ C: 51504
- ☐ D: 8584

Frage 15:

Schätze das Ergebnis. Welcher Wert kommt der richtigen Antwort am nächsten?:
987+(290-549*6):11 = ?

- ☐ A: 1214
- ☐ B: 785
- ☐ C: 1428
- ☐ D: 286

Frage 16:

Schätze das Ergebnis. Welcher Wert kommt der richtigen Antwort am nächsten?:
1270+(300-310*14):7 = ?

- ☐ A: 1178
- ☐ B: 762
- ☐ C: 1386
- ☐ D: 277

Frage 17:

Schätze das Ergebnis. Welcher Wert kommt der richtigen Antwort am nächsten?:
1401+(265-360*9):10 = ?

- ☐ A: 1877
- ☐ B: 1214
- ☐ C: 2208
- ☐ D: 442

Frage 18:

Schätze das Ergebnis. Welcher Wert kommt der richtigen Antwort am nächsten?:
(404*474+1657):12-1777 = ?

- ☐ A: 15751
- ☐ B: 28638
- ☐ C: 42957
- ☐ D: 7160

Frage 19:

Schätze das Ergebnis. Welcher Wert kommt der richtigen Antwort am nächsten?:
(392*546+1768):15-1572 = ?

- ☐ A: 14097
- ☐ B: 25630
- ☐ C: 38445
- ☐ D: 6408

Frage 20:

Schätze das Ergebnis. Welcher Wert kommt der richtigen Antwort am nächsten?:
717+(270-460*8):7 = ?

- ☐ A: 391
- ☐ B: 460
- ☐ C: 253
- ☐ D: 92

Lösungen

Aufgabe 1:

Lösungshilfe:
Rechne bei diesem Aufgabentyp immer mit gerundeten Zahlen. Deine Antwort muss hier nicht exakt sein!

Korrekt ist hier A. Die richtige Antwort ist: 14474. Diese Antwort kommt dem eigentlichen Ergebnis der Rechnung am nächsten. Das eigentliche Ergebnis wäre hier rund 13158.

Aufgabe 2:

Korrekt ist hier A. Die richtige Antwort ist: 13131. Diese Antwort kommt dem eigentlichen Ergebnis der Rechnung am nächsten. Das eigentliche Ergebnis wäre hier rund 11937.

Aufgabe 3:

Korrekt ist hier D. Die richtige Antwort ist: 19480. Diese Antwort kommt dem eigentlichen Ergebnis der Rechnung am nächsten. Das eigentliche Ergebnis wäre hier rund 17709.

Aufgabe 4:

Korrekt ist hier B. Die richtige Antwort ist: -11003. Diese Antwort kommt dem eigentlichen Ergebnis der Rechnung am nächsten. Das eigentliche Ergebnis wäre hier rund -10003.

Aufgabe 5:

Korrekt ist hier B. Die richtige Antwort ist: 12769. Diese Antwort kommt dem eigentlichen Ergebnis der Rechnung am nächsten. Das eigentliche Ergebnis wäre hier rund 11608.

Aufgabe 6:

Korrekt ist hier C. Die richtige Antwort ist: 12698. Diese Antwort kommt dem eigentlichen Ergebnis der Rechnung am nächsten. Das eigentliche Ergebnis wäre hier rund 11544.

Aufgabe 7:

Korrekt ist hier B. Die richtige Antwort ist: -11307. Diese Antwort kommt dem eigentlichen Ergebnis der Rechnung am nächsten. Das eigentliche Ergebnis wäre hier rund -10279.

Aufgabe 8:

Korrekt ist hier B. Die richtige Antwort ist: 1767. Diese Antwort kommt dem eigentlichen Ergebnis der Rechnung am nächsten. Das eigentliche Ergebnis wäre hier rund 1606.

Aufgabe 9:

Korrekt ist hier B. Die richtige Antwort ist: -9579. Diese Antwort kommt dem eigentlichen Ergebnis der Rechnung am nächsten. Das eigentliche Ergebnis wäre hier rund -8708.

Aufgabe 10:

Korrekt ist hier C. Die richtige Antwort ist: 11517. Diese Antwort kommt dem eigentlichen Ergebnis der Rechnung am nächsten. Das eigentliche Ergebnis wäre hier rund 10470.

Aufgabe 11:

Korrekt ist hier B. Die richtige Antwort ist: -10891. Diese Antwort kommt dem eigentlichen Ergebnis der Rechnung am nächsten. Das eigentliche Ergebnis wäre hier rund -9901.

Aufgabe 12:

Korrekt ist hier C. Die richtige Antwort ist: 4513. Diese Antwort kommt dem eigentlichen Ergebnis der Rechnung am nächsten. Das eigentliche Ergebnis wäre hier rund 4103.

Aufgabe 13:

Korrekt ist hier B. Die richtige Antwort ist: 1132. Diese Antwort kommt dem eigentlichen Ergebnis der Rechnung am nächsten. Das eigentliche Ergebnis wäre hier rund 1029.

Aufgabe 14:

Korrekt ist hier B. Die richtige Antwort ist: 18885. Diese Antwort kommt dem eigentlichen Ergebnis der Rechnung am nächsten. Das eigentliche Ergebnis wäre hier rund 17168.

Aufgabe 15:

Korrekt ist hier B. Die richtige Antwort ist: 785. Diese Antwort kommt dem eigentlichen Ergebnis der Rechnung am nächsten. Das eigentliche Ergebnis wäre hier rund 714.

Aufgabe 16:

Korrekt ist hier B. Die richtige Antwort ist: 762. Diese Antwort kommt dem eigentlichen Ergebnis der Rechnung am nächsten. Das eigentliche Ergebnis wäre hier rund 693.

Aufgabe 17:

Korrekt ist hier B. Die richtige Antwort ist: 1214. Diese Antwort kommt dem eigentlichen Ergebnis der Rechnung am nächsten. Das eigentliche Ergebnis wäre hier rund 1104.

Aufgabe 18:

Korrekt ist hier A. Die richtige Antwort ist: 15751. Diese Antwort kommt dem eigentlichen Ergebnis der Rechnung am nächsten. Das eigentliche Ergebnis wäre hier rund 14319.

Aufgabe 19:

Korrekt ist hier A. Die richtige Antwort ist: 14097. Diese Antwort kommt dem eigentlichen Ergebnis der Rechnung am nächsten. Das eigentliche Ergebnis wäre hier rund 12815.

Aufgabe 20:

Korrekt ist hier C. Die richtige Antwort ist: 253. Diese Antwort kommt dem eigentlichen Ergebnis der Rechnung am nächsten. Das eigentliche Ergebnis wäre hier rund 230.

Selbsteinschätzung

Ergebnisse schätzen für Fortgeschrittene - Test

Auf dieser Seite kannst du deinen Lernfortschritt dokumentieren. Das hilft dir dabei, deinen Lernfortschritt zu reflektieren und ein Gefühl dafür zu bekommen, wie sicher du in diesem Themenbereich bereits bist.

Die Aufgaben dieses Tests fielen mir leicht.

○ Stimme gar nicht zu — ○ Stimme eher nicht zu — ○ Ich bin neutral — ○ Stimme eher zu — ○ Stimme voll zu

Die Aufgaben, bei denen ich mir sicher war, waren dann auch richtig.

○ Stimme gar nicht zu — ○ Stimme eher nicht zu — ○ Ich bin neutral — ○ Stimme eher zu — ○ Stimme voll zu

Ich habe die Aufgabenstellung immer gut verstanden.

○ Stimme gar nicht zu — ○ Stimme eher nicht zu — ○ Ich bin neutral — ○ Stimme eher zu — ○ Stimme voll zu

Ich war beim Lösen der Aufgaben schnell.

○ Stimme gar nicht zu — ○ Stimme eher nicht zu — ○ Ich bin neutral — ○ Stimme eher zu — ○ Stimme voll zu

Ich habe eine gute Strategie entwickelt, wie ich an die Aufgabe herangehen kann.

○ Stimme gar nicht zu — ○ Stimme eher nicht zu — ○ Ich bin neutral — ○ Stimme eher zu — ○ Stimme voll zu

Übung: Stadtplan merken

Darum geht es in dieser Übung: Ein kleiner Tipp vorab: Wir empfehlen dir, diesen Test auf einem Tablet oder Computerbildschirm durchzuführen, um ein optimales Ergebnis zu erreichen.

Präge dir folgenden Stadtplan aufmerksam ein. Merke dir dabei insbesondere, wo sich welche besonderen Orte befinden. Alle besonderen Orte sind mit Buchstaben gekennzeichnet.

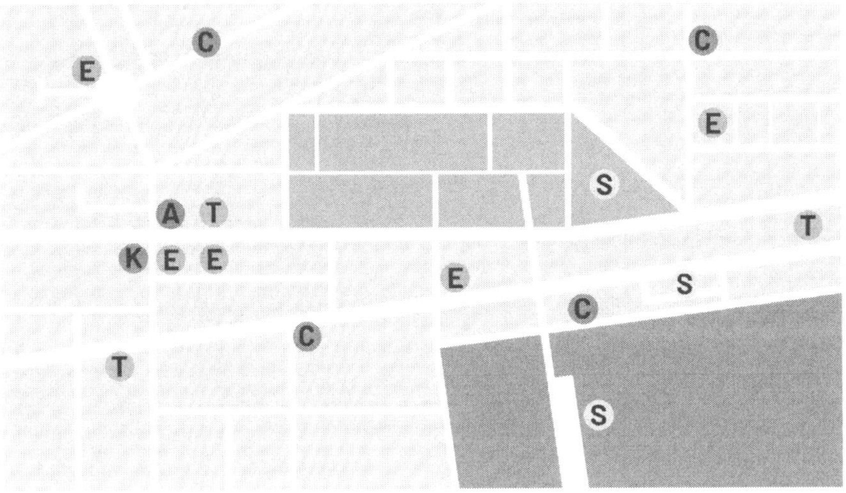

Diese Orte gibt es:
A - Apotheken
C - Cafes
E - Einkaufsmöglichkeiten / Supermärkte
K - Krankenhäuser
S - Sportstätten
T - Tankstellen

Anschließend beantwortest du Fragen zum Stadtplan.

Tipp: Wie immer kannst du diese Seite hier nutzen, um dir einige Notizen zu machen. Du kannst zum Beispiel festhalten, welche Erwartungen du an den Test hast, was dir beim Üben aufgefallen ist oder was dir besonders schwer oder leicht gefallen ist.

Deine Notizen:

Aufgaben

Frage 1:

Vom Krankenhaus gesehen befindet sich die nächstgelegene Tankstelle...

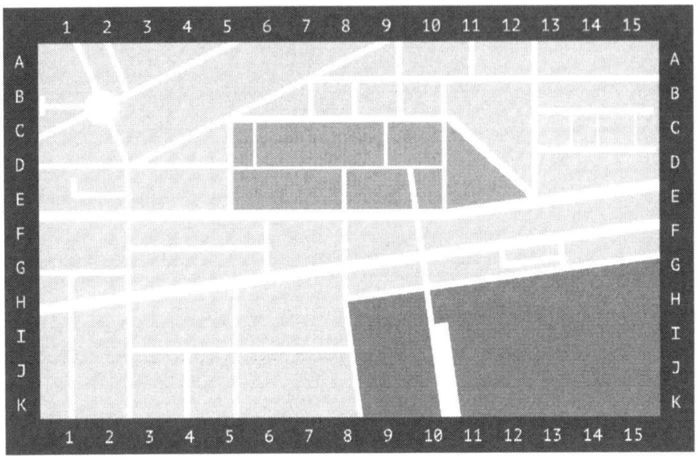

A: ... nordöstlich des Krankenhauses.

B: ... südwestlich des Krankenhauses.

C: ... südöstlich des Krankenhauses.

D: ... nordwestlich des Krankenhauses.

Frage 2:

Mindestens eine der Tankstellen grenzt unmittelbar an einen Park.

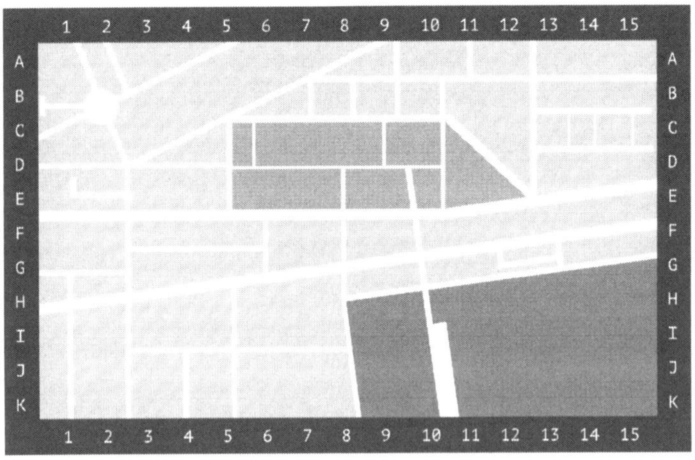

A: Die Aussage ist wahr.

B: Die Aussage ist falsch.

Frage 3:

Bei G12 befindet sich...

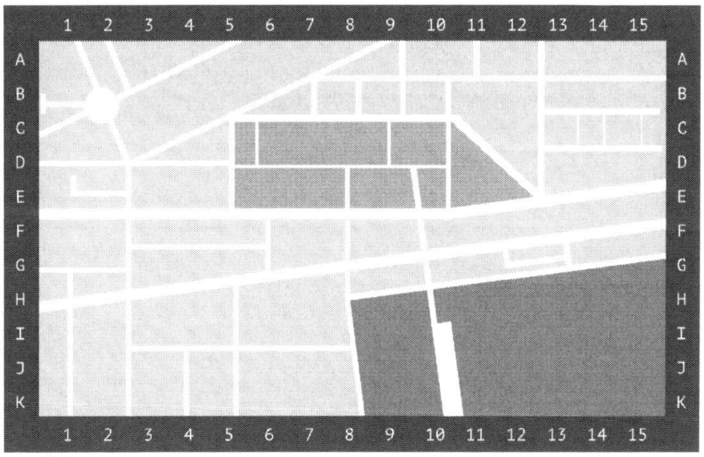

A: eine Apotheke.

B: ein Einkaufszentrum.

C: ein Cafe.

D: eine Sportstätte.

Frage 4:

Welche der genannten Orte verfügen über Einkaufsmöglichkeiten?

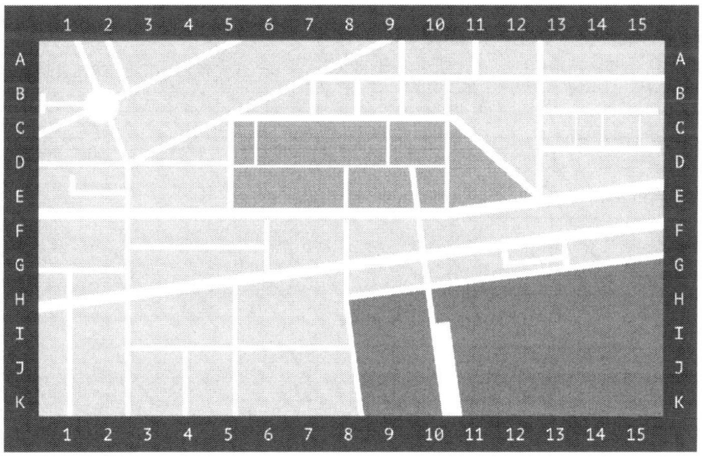

A: G6

B: B2

C: F8

D: C13

Frage 5:

Welche Art von Gebäude oder besonderem Punkt ist am Hafen NICHT zu finden?

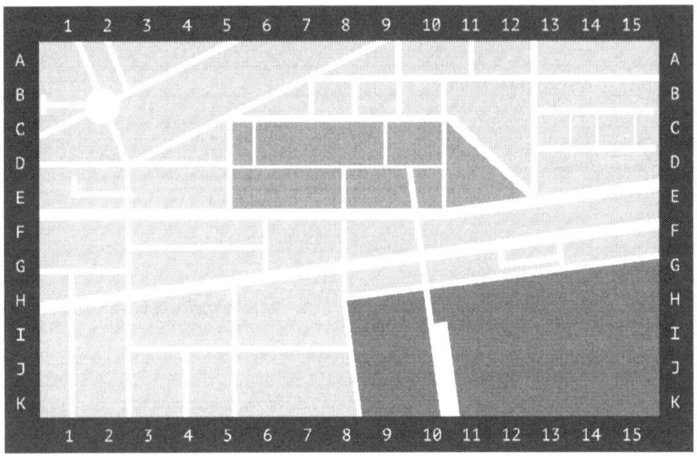

A: Ein Einkaufszentrum.

B: Eine Apotheke

C: Eine Sportstätte.

D: Ein Cafe.

Frage 6:

Das einzige Cafe im Südwesten befindet sich bei...

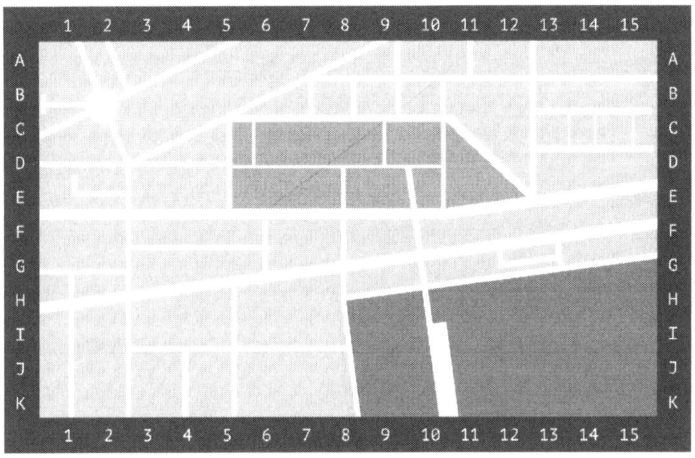

A: F5

B: H11

C: H8

D: H5

Frage 7:

Im Westen befinden sich mehr Sportstätten als im Osten.

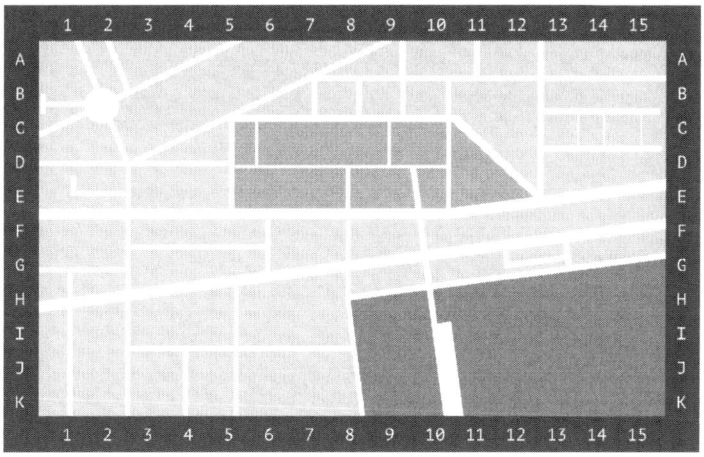

A: Die Aussage ist wahr.

B: Die Aussage ist falsch.

Frage 8:

Die Hauptstraße, die von E1 nach E15 verläuft, verfügt über...

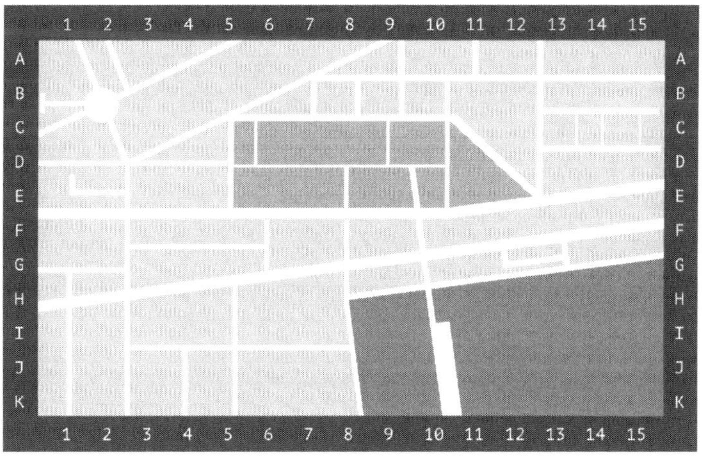

A: genau eine Tankstelle.

B: genau zwei Tankstellen.

C: genau zwei Apotheken.

D: genau eine Apotheke.

Lösungen

Aufgabe 1:

Korrekt ist hier A.

Aufgabe 2:

Korrekt ist hier B.

Aufgabe 3:

Korrekt ist hier D.

Aufgabe 4:

Korrekt ist hier B und C und D.

Aufgabe 5:

Korrekt ist hier A und B.

Aufgabe 6:

Korrekt ist hier D.

Aufgabe 7:

Korrekt ist hier B.

Aufgabe 8:

Korrekt ist hier B und D.

Selbsteinschätzung

Stadtplan merken - Test

Auf dieser Seite kannst du deinen Lernfortschritt dokumentieren. Das hilft dir dabei, deinen Lernfortschritt zu reflektieren und ein Gefühl dafür zu bekommen, wie sicher du in diesem Themenbereich bereits bist.

Die Aufgaben dieses Tests fielen mir leicht.

○ Stimme gar nicht zu | ○ Stimme eher nicht zu | ○ Ich bin neutral | ○ Stimme eher zu | ○ Stimme voll zu

Die Aufgaben, bei denen ich mir sicher war, waren dann auch richtig.

○ Stimme gar nicht zu | ○ Stimme eher nicht zu | ○ Ich bin neutral | ○ Stimme eher zu | ○ Stimme voll zu

Ich habe die Aufgabenstellung immer gut verstanden.

○ Stimme gar nicht zu | ○ Stimme eher nicht zu | ○ Ich bin neutral | ○ Stimme eher zu | ○ Stimme voll zu

Ich war beim Lösen der Aufgaben schnell.

○ Stimme gar nicht zu | ○ Stimme eher nicht zu | ○ Ich bin neutral | ○ Stimme eher zu | ○ Stimme voll zu

Ich habe eine gute Strategie entwickelt, wie ich an die Aufgabe herangehen kann.

○ Stimme gar nicht zu | ○ Stimme eher nicht zu | ○ Ich bin neutral | ○ Stimme eher zu | ○ Stimme voll zu

TestHelden Discord-Community

Schon gewusst? Am besten lernt es sich gemeinsam. Deshalb bieten wir dir die Möglichkeit, dich mit Anderen zu vernetzen. Teile jetzt deine Ergebnisse in unserer Lerngruppe auf Discord und lass uns in den Austausch treten! Schreibe in deine Nachricht einfach das Stichwort "Lernfortschritt" und den Namen des Tests.

Zu unseren Lerngruppen geht es hier:
www.testhelden.com/discord

Übung: Dreisatz

Darum geht es in dieser Übung: In diesem Themenbereich erhältst du Aufgaben, bei denen du einen Dreisatz anwenden musst. Dein Lernziel ist es, den Dreisatz auf einfache Systeme anwenden zu können.

Tipp: Wie immer kannst du diese Seite hier nutzen, um dir einige Notizen zu machen. Du kannst zum Beispiel festhalten, welche Erwartungen du an den Test hast, was dir beim Üben aufgefallen ist oder was dir besonders schwer oder leicht gefallen ist.

🚀 Deine Notizen:

Aufgaben

Frage 1:

Auf dem Amt muss man durchschnittlich 18 Minuten warten, bis 3 Personen abgearbeitet sind. Wie lange muss man durchschnittlich warten, bis 2 Personen abgearbeitet sind?

- ☐ A: 9min
- ☐ B: 12min
- ☐ C: 15min
- ☐ D: 27min

Frage 2:

In einem Hotel müssen alle Zimmer neu gestrichen werden. Dafür waren 3 Maler angestellt, die 8 Zimmer in 2 Tagen geschafft haben. Inzwischen ist nur noch ein Maler beschäftigt. Wie viele Zimmer schafft er in 6 Tagen?

- ☐ A: 4 Zimmer
- ☐ B: 6 Zimmer
- ☐ C: 8 Zimmer
- ☐ D: 10 Zimmer

Frage 3:

Um einen Teich mit 5000 Liter zu füllen, brauchen 4 Pumpen 100 Minuten. Wie lange würden 7 Pumpen für einen Teich mit einem Fassungsvermögen von 3000 Litern benötigen?

- ☐ A: 34 min
- ☐ B: 37 min
- ☐ C: 43 min
- ☐ D: 47 min

Frage 4:

Ein Grundstück soll ummauert werden. Bei den Vorplanungen wurde mit 2 Maurern und 5 Stunden gerechnet. Da inzwischen Zeitdruck herrscht, wird mit 8 Maurern kalkuliert. Welche Zeit ist für die Mauer eingeplant?

- ☐ A: 1,25h
- ☐ B: 1,5h
- ☐ C: 2,25h
- ☐ D: 2,5h

Frage 5:

Für den Bau von 4 Häusern in 60 Tagen sind 12 Arbeiter notwendig. Wie lange würden 10 Arbeiter bei gleichem Tempo für 6 Häuser brauchen?

- ☐ A: 90 d
- ☐ B: 100 d
- ☐ C: 108 d
- ☐ D: 118 d

Frage 6:

Auf einem Grundstück wurden 10 Mauern in 5 Tagen von 7 Maurern hochgezogen. Der Nachbar bestellt die gleiche Firma, benötigt allerdings 5 Mauern. Die Firma schickt dafür 5 Maurer. Wie lange brauchen diese?

- ☐ A: 3 d
- ☐ B: 3,5 d
- ☐ C: 4 d
- ☐ D: 4,5 d

Frage 7:

Um einen Teich zu füllen brauchen 2 Pumpen 360 Minuten. Wie lange würden 3 Pumpen brauchen?

- ☐ A: 120min
- ☐ B: 180min
- ☐ C: 200min
- ☐ D: 240min

Frage 8:

Vier Studenten veranstalten einen Filmeabend und wollen dazu für jeden eine Pizza bestellen. Sie kalkulieren dafür mit 22 Euro. Spontan kommt noch ein Pärchen dazu. Wie viel Euro brauchen sie insgesamt, wenn jeder eine Pizza isst?

- ☐ A: 33 Euro
- ☐ B: 34 Euro
- ☐ C: 35 Euro
- ☐ D: 36 Euro

Frage 9:

Für die Reparaturarbeiten an einem Haus brauchen 5 Handwerker 75 Minuten. Wie lange würden 10 Handwerker brauchen?

- ☐ A: 35 min
- ☐ B: 37,5 min
- ☐ C: 40 min
- ☐ D: 42, 5 min

Frage 10:

Eine Gruppe von 5 Personen hat ein Ferienhaus gemietet und mit 240 Euro Miete pro Person gerechnet. Spontan kommt noch eine 6. Person mit. Wie viel Euro muss nun jeder bezahlen?

- ☐ A: 200 Euro
- ☐ B: 220 Euro
- ☐ C: 248 Euro
- ☐ D: 272 Euro

Frage 11:

In einer Fabrik füllen 4 Maschinen innerhalb von 2 Tagen 1.800 Flaschen ab. Nach einer Erweiterung des Geländes werden 2 weitere Maschinen aufgestellt. Wie lange benötigen alle Maschinen für 6.750 Flaschen abzufüllen?

- ☐ A: 3d
- ☐ B: 4d
- ☐ C: 5d
- ☐ D: 6d

Frage 12:

Timmy weiß, dass seine Mutter letzte Woche 18 Äpfel für 9 Euro gekauft hat. Wie viel Geld muss Timmy mitnehmen, wenn er 4 Äpfel möchte?

- ☐ A: 2 Euro
- ☐ B: 3 Euro
- ☐ C: 4 Euro
- ☐ D: 5 Euro

Frage 13:

Timmy weiß, dass seine Mutter letzte Woche 27 Äpfel für 9 Euro gekauft hat. Wie viel Geld muss Timmy mitnehmen, wenn er 54 Äpfel möchte?

- ☐ A: 16 Euro
- ☐ B: 18 Euro
- ☐ C: 20 Euro
- ☐ D: 22 Euro

Frage 14:

Bei einer großen Feier, die über 2 Tage geht, waren am ersten Tag 500 Gäste anwesend. Diese tranken innerhalb von 4 Stunden 1200 Liter. Mit welchem Getränkeverbrauch ist am zweiten Tag zu rechnen, wenn 800 Gäste anwesend sind und die Feier 5 Stunden geht?

- ☐ A: 2300 L
- ☐ B: 2400 L
- ☐ C: 2500 L
- ☐ D: 2600 L

Frage 15:

Eine Sportgruppe möchte in den Freizeitpark gehen. Ein Sportler kann sich erinnern, dass beim letzten Mal für 15 Personen 170 Euro Eintritt gezahlt werden mussten. Der Trainer versucht die Kosten für 11 Personen gesamt zu kalkulieren. In welcher Preisspanne bewegt sich der Eintrittspreis?

- ☐ A: 100-120 Euro
- ☐ B: 120-150 Euro
- ☐ C: 160-200 Euro
- ☐ D: 200-250 Euro

Frage 16:

Um ein Feld von 10.000 ha Fläche zu ernten brauchen 7 Mähdrescher 14 Tage. Wenn man 5 Mähdrescher einsetzen würde, welche Fläche könnten sie in 10 Tagen ernten?

- ☐ A: 5.102 ha
- ☐ B: 5.202 ha
- ☐ C: 6.102 ha
- ☐ D: 6.202

Frage 17:

Drei Studenten veranstalten einen Filmeabend und wollen dazu für jeden eine Pizza bestellen. Sie kalkulieren dafür mit 12 Euro. Spontan kommt noch ein Pärchen dazu. Wie viel Euro brauchen sie insgesamt, wenn jeder eine Pizza isst?

- ☐ A: 15 Euro
- ☐ B: 18 Euro
- ☐ C: 20 Euro
- ☐ D: 24 Euro

Frage 18:

Für einen runden Geburtstag wurde ein Geschenk besorgt. An dem Geschenkt beteiligten sich ursprünglich 8 Personen und jeder hätte 18 Euro bezahlen müssen. Inzwischen beteiligen sich 15 Personen. In welcher Preisspanne liegen die Kosten für jede Person?

- ☐ A: 5-8 Euro
- ☐ B: 8-12 Euro
- ☐ C: 12-15 Euro
- ☐ D: 15-18 Euro

Frage 19:

Ein Becken mit 18.000 Litern Wasser kann in 180 Minuten von 4 Pumpen leer gepumpt werden. Wie viel Liter schaffen 3 Pumpen in 90 Minuten?

- ☐ A: 6.000l
- ☐ B: 6.750l
- ☐ C: 7.500l
- ☐ D: 8250l

Frage 20:

Für ein Haus brauchen 4 Maler 7 Stunden Zeit zum Anstreichen. Wie lange würden 8 Maler brauchen?

- ☐ A: 2,5h
- ☐ B: 3h
- ☐ C: 3,5h
- ☐ D: 4h

Lösungen

Aufgabe 1:

Lösungshilfe:
Rechne zuerst aus, wie lange es dauert, um eine Person abzuarbeiten. Multipliziere dies anschließend mit der Menge der abzuarbeitenden Personen.

Korrekt ist hier B. Für die nötige Zeit um eine Person abzuarbeiten rechne 18 min / 3 = 6 min.
Anschließend erhältst du das Ergebnis, wenn du 6 min mit der Menge (2) multiplizierst. 6 min * 2 = 12 min.

Aufgabe 2:

Lösungshilfe:
Rechne zuerst aus, wie viele Zimmer ein Maler in einem Tag schafft.
Anschließend kannst du mit diesem Faktor die Werte für die neue Situation berechnen.

Korrekt ist hier C. 3 Maler schaffen in einem Tag 8 Zimmer / 2 Tage = 4 Zimmer und ein Maler schafft somit 4 Zimmer / 3 Maler = 1,33 Zimmer.
In 6 Tagen schafft somit ein Maler 1,33 * 6 Tage = 8 Zimmer.

Aufgabe 3:

💡 Lösungshilfe:
Rechne zuerst aus, wie viel Liter eine Pumpe pro Minute transportieren kann. Anschließend kannst du den Faktor auf 7 Pumpen und ein anderes Füllmaß beziehen.

Korrekt ist hier A. Schritt 1: Rausfinden, wie viel 1 Pumpe in 100 Minuten schafft

Wir haben die Info, dass 4 Pumpen 5000 Liter in 100 Minuten pumpen können. Um die Effizienz einer einzelnen Pumpe zu berechnen, teilen wir die Gesamtkapazität (5000 Liter) durch die Anzahl der Pumpen (4) und erhältst dann die Menge, die eine Pumpe in 100 Minuten pumpen kann.

Effizienz einer Pumpe = 5000 Liter / 4 Pumpen = 1250 Liter

Schritt 2: Rausfinden, wie viel eine Pumpe in 1 Minute schafft

In 100 Minuten kann eine Pumpe also 1250l pumpen. Wenn du jetzt wissen willst, wie viel eine Pumpe in 1 Minute schafft, dann teile das ganze noch einmal durch 100.

1250/100= 12,5

Schritt 3: Rausfinden, wie viel 7 Pumpen in 1min schaffen
12,5*7= 87,5

Schritt 4: Rausfinden, wie lange 7 Pumpen für 3000l Wasser brauchen:
Als erstes stellst du die Gleichung mit den Variablen auf, die du hast. Das ist:
87,5 (Das was 7 Pumpen in 1 Minute schaffen)*x (die Zeit, die sie für 3000l benötigen) =3000 (Füllmenge des Teichs)

Jetzt stellst du die Gleichung nach x um:
87,5*x=3000 I :87,5
x=3000:87,5
x= 34,28

Gerundet ist das Ergebnis also 34

Aufgabe 4:

Lösungshilfe:
Rechne zuerst aus, wie lange ein Maurer brauchen würde. Anschließend kannst du ausrechnen, wie lange 8 Maurer brauchen.

Korrekt ist hier A. Ein Maurer würde 2 * 5 h = 10 h brauchen.
Das bedeutet, dass 8 Maurer 1,25 h bräuchten.

Aufgabe 5:

Lösungshilfe:
Rechne zuerst aus, wie lange ein Arbeiter für ein Haus benötigen würde. Mit diesem Faktor kannst du ausrechnen, wie lang 10 Arbeiter für 6 Häuser benötigen würden.

Korrekt ist hier C. Eine Person bräuchte für ein Haus: 60 Tage / 5 = 15 Tage * 12 = 180 Tage.
Das bedeutet, dass 10 Personen für ein Haus 180 Tage / 10 = 18 Tage bräuchten und für 6 Häuser 18 Tage * 6 = 108 Tage.

Aufgabe 6:

Lösungshilfe:
Rechne zuerst aus, wie lange ein Maurer für eine Mauer benötigen würde.
Anschließend kannst du berechnen, wie lange 5 Mauern dauern würden.

Korrekt ist hier B. Ein Maurer benötigt für 10 Mauern 5 * 7 Tage = 35 Tage und für 1 Mauer 35 Tage / 10 = 3,5 Tage.
Ein Maurer würde für 5 Mauern 5 * 3,5 Tage = 17,5 Tage brauchen. 5 Maurer brauchen dafür 17,5 Tage / 5 = 3,5 Tage.

Aufgabe 7:

Lösungshilfe:
Rechne zuerst aus, wie lange eine Pumpe bräuchte. Anschließend kannst du ausrechnen, wie lang 3 Pumpen bräuchten.

Korrekt ist hier D. Eine Pumpe bräuchte allein 360 min * 2 = 720 min.
Dann brauchen 3 Pumpen 720 min / 3 = 240 min.

Aufgabe 8:

Lösungshilfe:
Rechne zuerst den Preis für eine Pizza aus. Multipliziere dies anschließend mit der Gesamtanzahl an Leuten.

Korrekt ist hier A. Für einen Student wird mit einem Preis von 22 Euro / 4 = 5,5 Euro kalkuliert.
Für insgesamt 6 Leute macht das eine Summe von: 6 * 5,5 Euro = 33 Euro.

Aufgabe 9:

Lösungshilfe:
Rechne zuerst wie lang ein Handwerker brauchen würde. Anschließend kannst du die Zeit, die ein Handwerker brauchen würde, durch die Anzahl an neuen Handwerkern teilen.

Korrekt ist hier B. Ein Handwerker würde 5 * 75 min = 375 min brauchen.
Dann brauchen 10 Handwerker: 375 min / 10 = 37,5 min.

Aufgabe 10:

Lösungshilfe:
Rechne zuerst aus, wie viel insgesamt bezahlt werden muss. Teile den Betrag anschließend durch 6 anstatt durch 5.

Korrekt ist hier A. Das Ferienhaus kostet insgesamt 5 * 240 Euro = 1200 Euro.
Für 6 Personen bedeutet das 1200 Euro / 6 = 200 Euro.

Aufgabe 11:

Lösungshilfe:
Rechne zuerst aus, wie viele Flaschen eine Maschine pro Tag befüllt. Anschließend kannst du berechnen, wie lange 2 Maschinen für 6750 Flaschen benötigen.

Korrekt ist hier C. Rechne zuerst aus, wie lange eine Person für die gesamte Fläche braucht. Damit kannst du berechnen, wie viel Quadratmeter eine Person pro Tag braucht. Durch Teilen der neuen Fläche durch das Flächen/Tagespensum und der neuen Anzahl an Personen erhältst du das Ergebnis.

Aufgabe 12:

💡 Lösungshilfe:
Rechne zuerst den Preis für einen Apfel aus. Das Ergebnis erhältst du, wenn du den Einzelpreis mit der Menge multiplizierst.

Korrekt ist hier A. Für den Preis von einem Apfel rechne 9 Euro / 18 = 0,5 Euro.
Also kostet ein Apfel 0,5 Euro und 4 Äpfel: 0,5 Euro * 4 = 2 Euro.

Aufgabe 13:

Korrekt ist hier B. Für den Preis von einem Apfel rechne 9 Euro / 27 = 0,33 Euro.
Also kostet ein Apfel 0,33 Euro und 54 Äpfel: 0,33 Euro * 54 = 18 Euro.

Aufgabe 14:

💡 Lösungshilfe:
Rechne zuerst aus, wie viel ein Gast an einem Tag pro Stunde trinkt.
Anschließend kannst du mit dem Faktor die neue Situation berechnen.

Korrekt ist hier B. Ein Gast trinkt am Tag 1200 L / 500 Gäste = 2,4 L und somit in 4 Stunden 2,4 L / 4 h = 0,6 L/h.
Das bedeutet, dass 800 Gäste in 5 Stunden: 0,6 L/h * 5 h * 800 = 2400 L trinken.

Aufgabe 15:

💡 Lösungshilfe:
Rechne zuerst den Preis für einen Sportler aus. Multipliziere dies anschließend mit der Gesamtanzahl an Sportlern, die mit fahren wollen.

Korrekt ist hier B. Für einen Sportler rechne 170 Euro / 15 Leute = 11,3 Euro.
Das bedeutet, dass für 11 Sportler: 11 * 11,3 Euro = 124,7 Euro gezahlt werden müssen.

Aufgabe 16:

💡 Lösungshilfe:
Rechne zuerst aus, wie viele Hektar ein Mähdrescher in einem Tag schafft.
Mit diesem Faktor kannst du die neue Situation berechnen. (Beachte die Einheiten)

Korrekt ist hier A. Ein Mähdrescher schafft in 14 Tagen 10.000 ha / 7 = 1428,6 ha und in einem Tag 1428,6 ha / 14 Tage = 102 ha/Tage.
Somit würden 5 Mähdrescher in 10 Tagen: 102 ha/Tage * 10 Tage * 5 = 5.102 ha schaffen.

Aufgabe 17:

Korrekt ist hier C. Für einen Student wird mit einem Preis von 12 Euro / 3 = 4 Euro kalkuliert.
Für insgesamt 5 Leute macht das eine Summe von: 5 * 4 Euro = 20 Euro.

Aufgabe 18:

💡 Lösungshilfe:
Rechne zuerst aus, wie viel das Geschenk insgesamt kostet. Anschließend erhältst du durch teilen des Gesamtbetrags durch die neue Anzahl an Personen den neuen Einzelpreis.

Korrekt ist hier B. Das Geschenk kostet insgesamt 8 * 18 Euro = 144 Euro.
Für 15 schenkende Personen bedeutet das 144 Euro / 15 = 9,6 Euro.

Aufgabe 19:

💡 Lösungshilfe:
Rechne zuerst aus, welchen Durchsatz in L/min eine Pumpe hat.
Damit kannst du die Werte für die neue Situation berechnen.

Korrekt ist hier B. Eine Pumpe benötigt 4 * 180 min = 720 min für 18.000 L, was einem Durchsatz von 18.000 L / 720 min = 25 L/min entspricht.
Das bedeutet, dass 3 Pumpen in 90 min: 25 L/min * 3 Pumpen * 90 min = 6.750 L schaffen.

Aufgabe 20:

💡 Lösungshilfe:
Rechne zuerst aus, wie lange ein Maler brauchen würde. Durch teilen der berechneten gesamtzeit durch die Anzahl der Maler erhältst du die 8 Maler brauchen

Korrekt ist hier C. Ein Maler benötigt allein 4 * 7 h = 28 h.
Das bedeutet, dass 8 Maler 28 h / 8 = 3,5 h brauchen.

Selbsteinschätzung

Dreisatz - Test

Auf dieser Seite kannst du deinen Lernfortschritt dokumentieren. Das hilft dir dabei, deinen Lernfortschritt zu reflektieren und ein Gefühl dafür zu bekommen, wie sicher du in diesem Themenbereich bereits bist.

Die Aufgaben dieses Tests fielen mir leicht.

Stimme gar nicht zu	Stimme eher nicht zu	Ich bin neutral	Stimme eher zu	Stimme voll zu
○	○	○	○	○

Die Aufgaben, bei denen ich mir sicher war, waren dann auch richtig.

Stimme gar nicht zu	Stimme eher nicht zu	Ich bin neutral	Stimme eher zu	Stimme voll zu
○	○	○	○	○

Ich habe die Aufgabenstellung immer gut verstanden.

Stimme gar nicht zu	Stimme eher nicht zu	Ich bin neutral	Stimme eher zu	Stimme voll zu
○	○	○	○	○

Ich war beim Lösen der Aufgaben schnell.

Stimme gar nicht zu	Stimme eher nicht zu	Ich bin neutral	Stimme eher zu	Stimme voll zu
○	○	○	○	○

Ich habe eine gute Strategie entwickelt, wie ich an die Aufgabe herangehen kann.

Stimme gar nicht zu	Stimme eher nicht zu	Ich bin neutral	Stimme eher zu	Stimme voll zu
○	○	○	○	○

TestHelden Discord-Community

Schon gewusst? Am besten lernt es sich gemeinsam. Deshalb bieten wir dir die Möglichkeit, dich mit Anderen zu vernetzen. Teile jetzt deine Ergebnisse in unserer Lerngruppe auf Discord und lass uns in den Austausch treten! Schreibe in deine Nachricht einfach das Stichwort "Lernfortschritt" und den Namen des Tests.

Zu unseren Lerngruppen geht es hier:
www.testhelden.com/discord

Übung: Würfel drehen

Darum geht es in dieser Übung: In diesem Themenbereich werden dir verschiedene Würfel gegeben und du musst herausfinden, welcher der dazugehörige ist. Du trainierst mit diesem Test dein visuell-räumliches Denkvermögen (die sogenannte "Visual-Spatial ability").

♫ Zu diesem Test findest du Medieninhalte direkt in deinem Online-Kurs.

Tipp: Wie immer kannst du diese Seite hier nutzen, um dir einige Notizen zu machen. Du kannst zum Beispiel festhalten, welche Erwartungen du an den Test hast, was dir beim Üben aufgefallen ist oder was dir besonders schwer oder leicht gefallen ist.

🚀 Deine Notizen:

Aufgaben

Frage 1:

Welcher Würfel entspricht dem ursprünglichen Würfel?

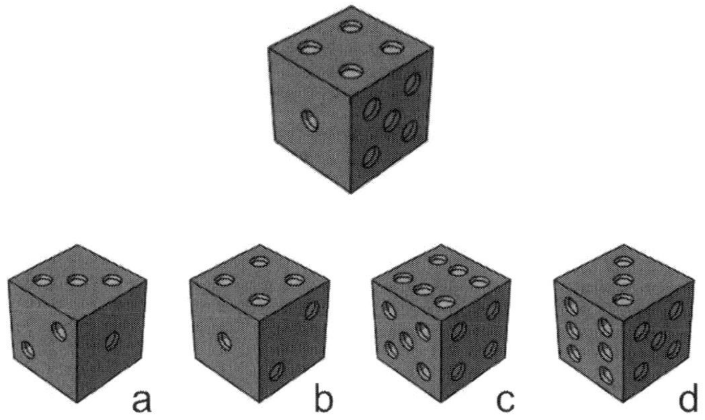

A: Würfel A

B: Würfel B

C: Würfel C

D: Würfel D

Frage 2:

Welcher Würfel entspricht dem ursprünglichen Würfel?

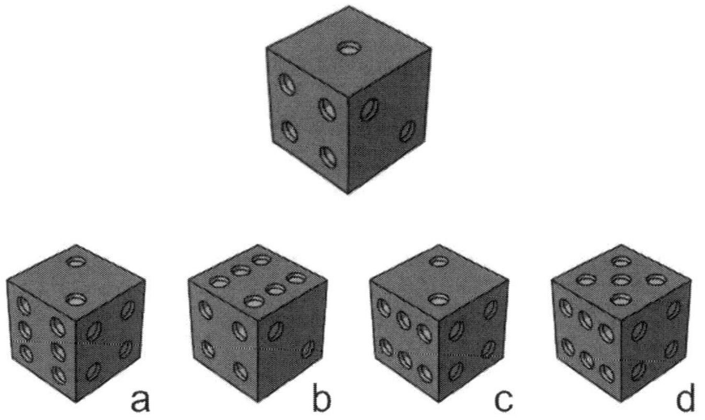

A: Würfel A

B: Würfel B

C: Würfel C

D: Würfel D

Frage 3:

Welcher Würfel entspricht dem ursprünglichen Würfel?

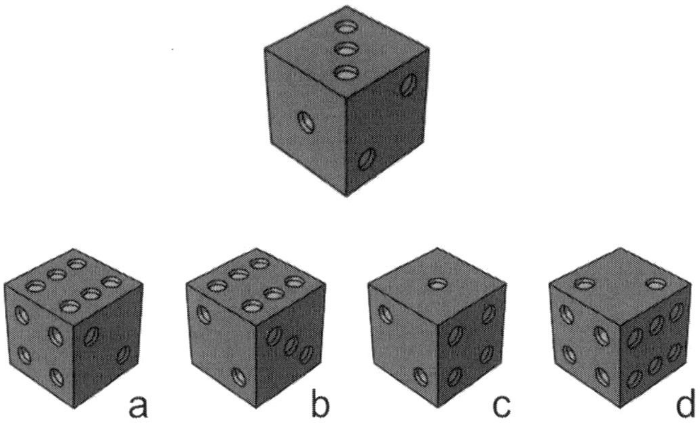

A: Würfel A

B: Würfel B

C: Würfel C

D: Würfel D

Frage 4:

Welcher Würfel entspricht dem ursprünglichen Würfel?

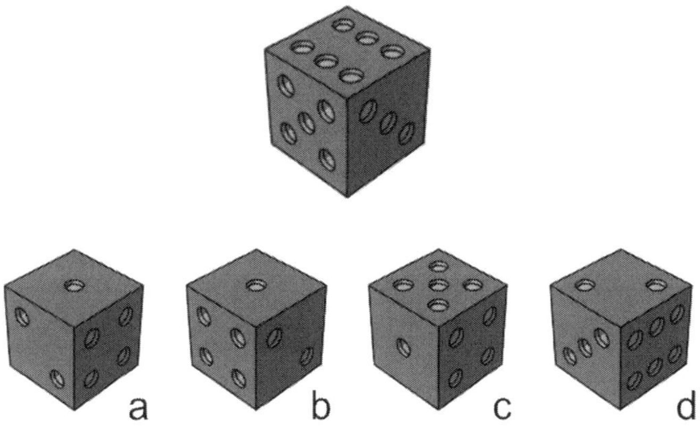

A: Würfel A

B: Würfel B

C: Würfel C

D: Würfel D

Frage 5:

Oben siehst du das Netz eines Würfels. Welche Würfel lassen sich aus diesem Netz wirlich bilden?

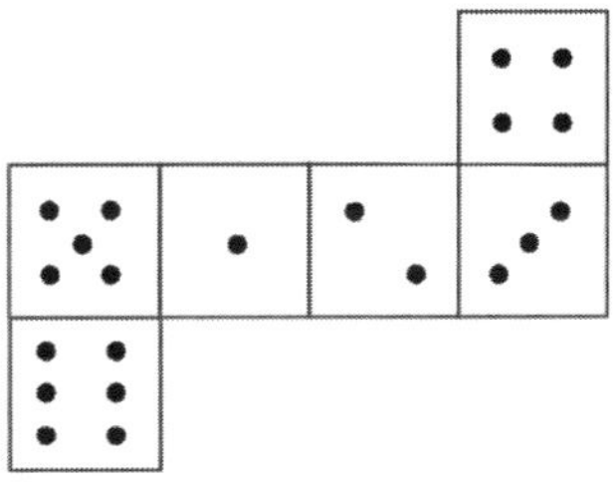

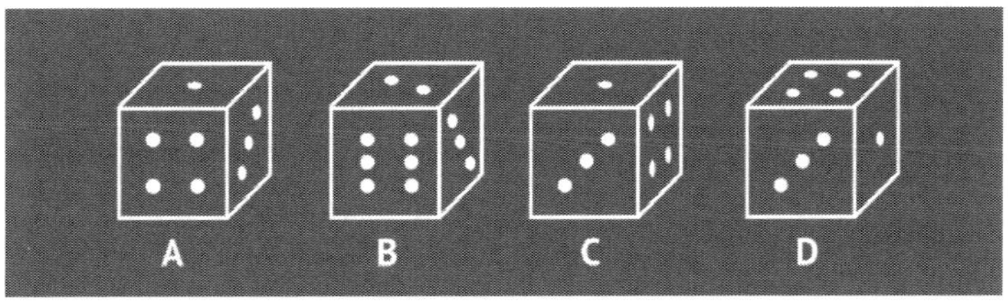

A: Würfel 1

B: Würfel 2

C: Würfel 3

D: Würfel 4

Frage 6:

Welcher Würfel entspricht dem ursprünglichen Würfel?

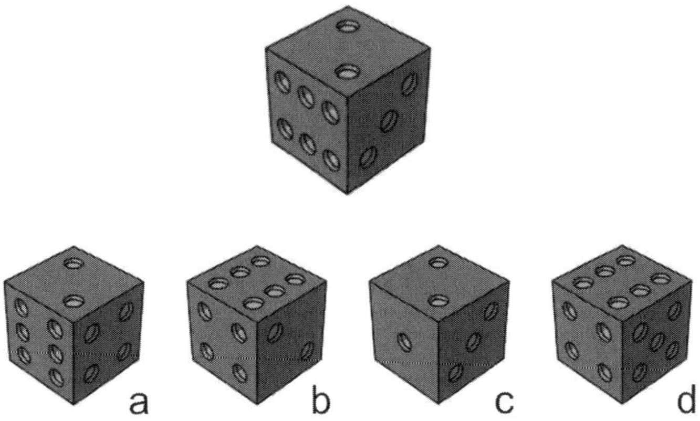

A: Würfel A

B: Würfel B

C: Würfel C

D: Würfel D

Frage 7:

Welcher Würfel entspricht dem ursprünglichen Würfel?

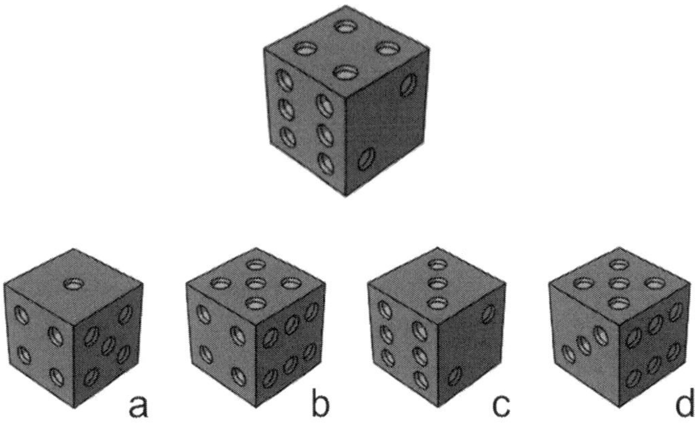

A: Würfel A

B: Würfel B

C: Würfel C

D: Würfel D

Frage 8:

Welcher Würfel entspricht dem ursprünglichen Würfel?

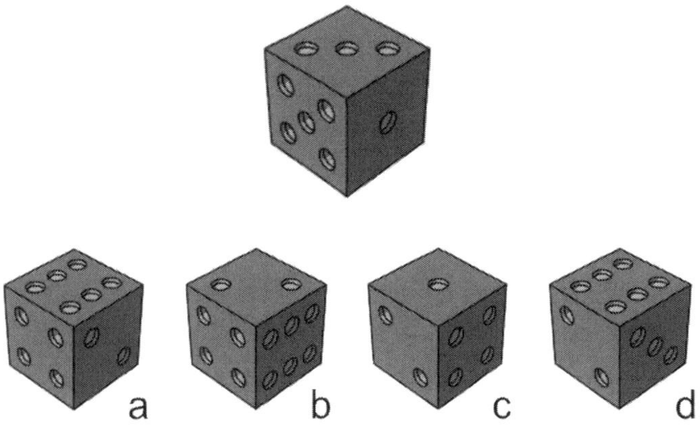

A: Würfel A

B: Würfel B

C: Würfel C

D: Würfel D

Frage 9:

Oben siehst du das Netz eines Würfels. Welche Würfel lassen sich aus diesem Netz wirlich bilden?

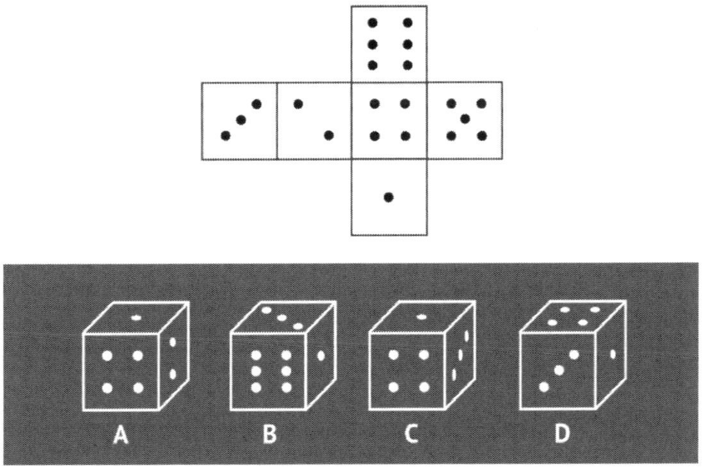

A: Würfel 1

B: Würfel 2

C: Würfel 3

D: Kein Würfel passt.

Frage 10:

Welcher Würfel entspricht dem ursprünglichen Würfel?

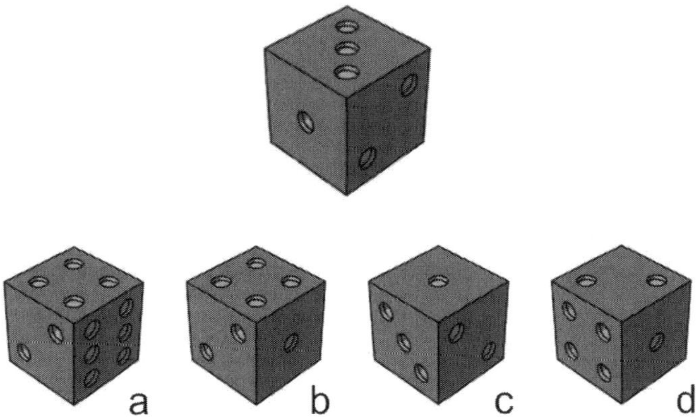

A: Würfel A

B: Würfel B

C: Würfel C

D: Würfel D

Frage 11:

Welcher Würfel entspricht dem ursprünglichen Würfel?

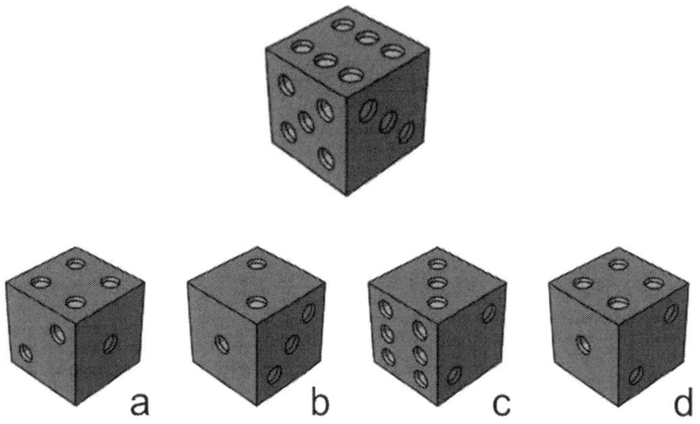

A: Würfel A

B: Würfel B

C: Würfel C

D: Würfel D

Frage 12:

Welcher Würfel entspricht dem ursprünglichen Würfel?

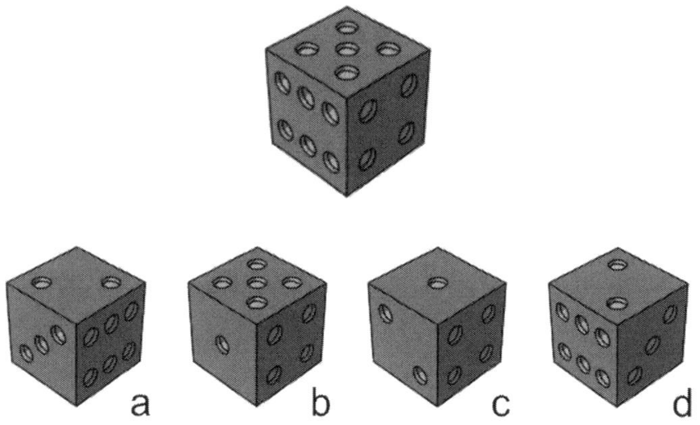

A: Würfel A

B: Würfel B

C: Würfel C

D: Würfel D

Frage 13:

Welcher Würfel entspricht dem ursprünglichen Würfel?

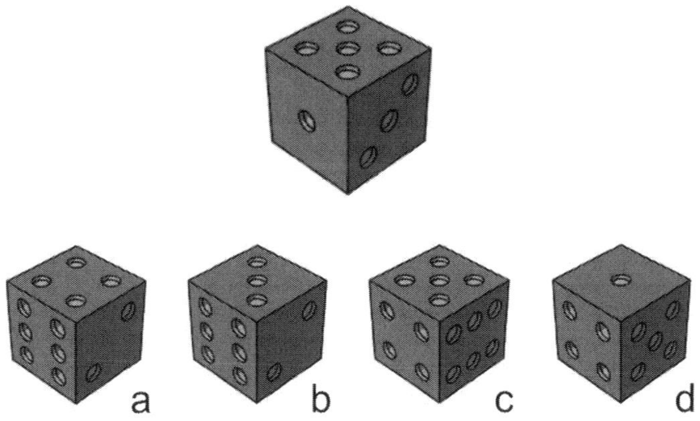

A: Würfel A

B: Würfel B

C: Würfel C

D: Würfel D

Frage 14:

Welcher Würfel entspricht dem ursprünglichen Würfel?

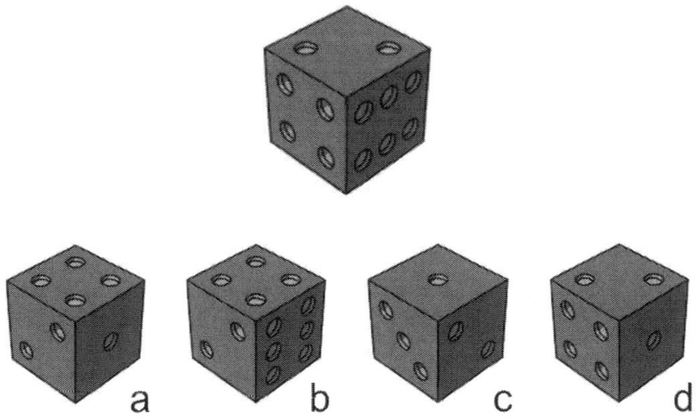

A: Würfel A

B: Würfel B

C: Würfel C

D: Würfel D

Frage 15:

Welcher Würfel entspricht dem ursprünglichen Würfel?

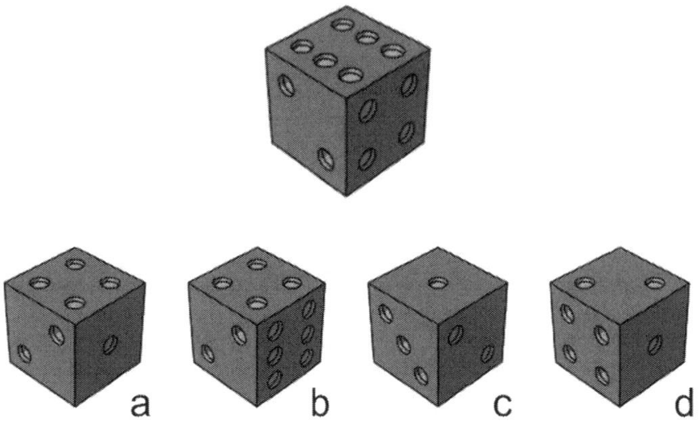

A: Würfel A

B: Würfel B

C: Würfel C

D: Würfel D

Frage 16:

Welcher Würfel entspricht dem ursprünglichen Würfel?

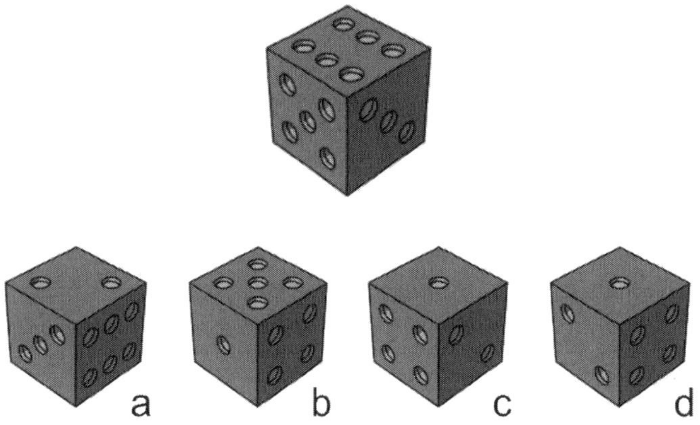

A: Würfel A

B: Würfel B

C: Würfel C

D: Würfel D

Frage 17:

Oben siehst du das Netz eines Würfels. Welche Würfel lassen sich aus diesem Netz wirlich bilden?

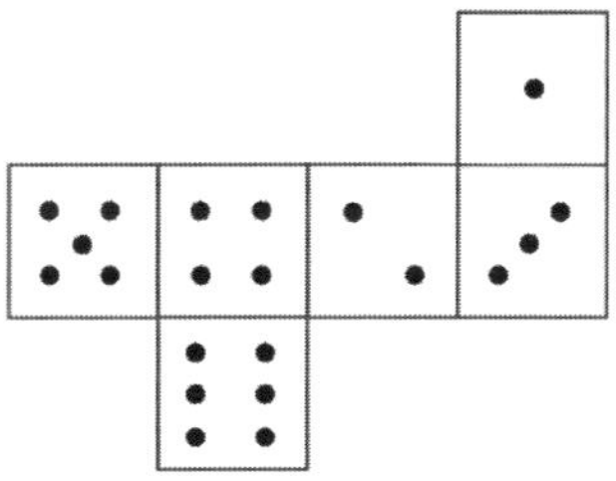

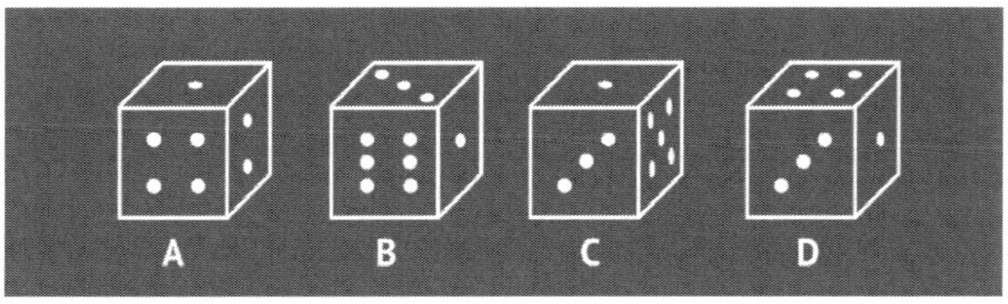

A: Würfel 1

B: Würfel 2

C: Würfel 3

D: Kein Würfel passt.

Frage 18:

Welcher Würfel entspricht dem ursprünglichen Würfel?

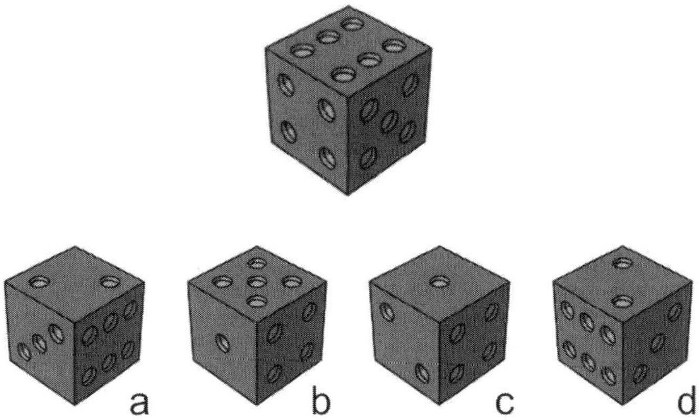

A: Würfel A

B: Würfel B

C: Würfel C

D: Würfel D

Frage 19:

Welcher Würfel entspricht dem ursprünglichen Würfel?

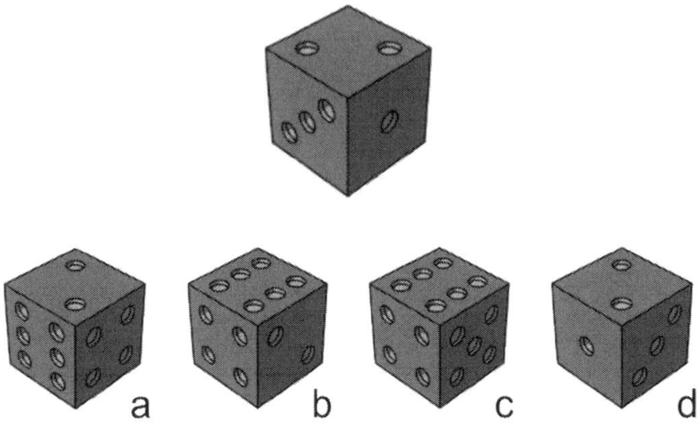

A: Würfel A

B: Würfel B

C: Würfel C

D: Würfel D

Frage 20:

Welcher Würfel entspricht dem ursprünglichen Würfel?

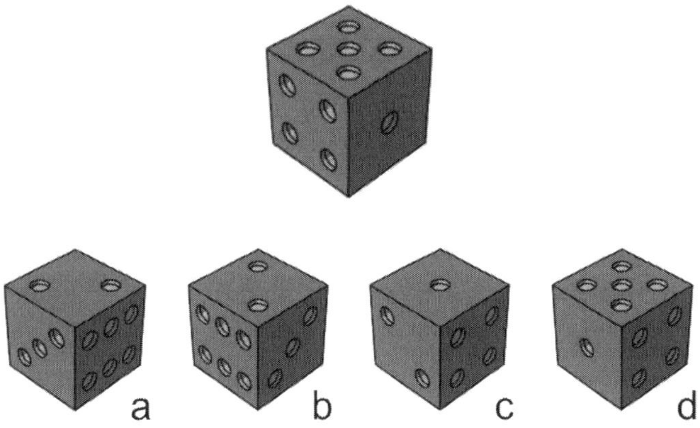

A: Würfel A

B: Würfel B

C: Würfel C

D: Würfel D

Lösungen

Aufgabe 1:

Korrekt ist hier D. Schließe zuerst die offensichtlich nicht möglichen Würfel aus und betrachte dann die restlichen zur Auswahl stehenden Würfel. Überlege anschließend weiter und gehe die restlichen Würfel durch, indem du dir den jeweiligen Würfel bildlich vorstellst

Aufgabe 2:

Korrekt ist hier D. Schließe zuerst die offensichtlich nicht möglichen Würfel aus und betrachte dann die restlichen zur Auswahl stehenden Würfel. Überlege anschließend weiter und gehe die restlichen Würfel durch, indem du dir den jeweiligen Würfel bildlich vorstellst

Aufgabe 3:

Korrekt ist hier D. Schließe zuerst die offensichtlich nicht möglichen Würfel aus und betrachte dann die restlichen zur Auswahl stehenden Würfel. Überlege anschließend weiter und gehe die restlichen Würfel durch, indem du dir den jeweiligen Würfel bildlich vorstellst

Aufgabe 4:

Korrekt ist hier B. Schließe zuerst die offensichtlich nicht möglichen Würfel aus und betrachte dann die restlichen zur Auswahl stehenden Würfel. Überlege anschließend weiter und gehe die restlichen Würfel durch, indem du dir den jeweiligen Würfel bildlich vorstellst

Aufgabe 5:

Lösungshilfe:
Nutze das Ausschlussprinzip. Achte z.B. darauf, welche Punktezahlen gegenüber liegen müssten.

Korrekt ist hier B.

Aufgabe 6:

Korrekt ist hier D. Schließe zuerst die offensichtlich nicht möglichen Würfel aus und betrachte dann die restlichen zur Auswahl stehenden Würfel. Überlege anschließend weiter und gehe die restlichen Würfel durch, indem du dir den jeweiligen Würfel bildlich vorstellst

Aufgabe 7:

Korrekt ist hier D. Schließe zuerst die offensichtlich nicht möglichen Würfel aus und betrachte dann die restlichen zur Auswahl stehenden Würfel. Überlege anschließend weiter und gehe die restlichen Würfel durch, indem du dir den jeweiligen Würfel bildlich vorstellst

Aufgabe 8:

Korrekt ist hier B. Schließe zuerst die offensichtlich nicht möglichen Würfel aus und betrachte dann die restlichen zur Auswahl stehenden Würfel. Überlege anschließend weiter und gehe die restlichen Würfel durch, indem du dir den jeweiligen Würfel bildlich vorstellst

Aufgabe 9:

Korrekt ist hier A.

Aufgabe 10:

Korrekt ist hier B. Schließe zuerst die offensichtlich nicht möglichen Würfel aus und betrachte dann die restlichen zur Auswahl stehenden Würfel. Überlege anschließend weiter und gehe die restlichen Würfel durch, indem du dir den jeweiligen Würfel bildlich vorstellst

Aufgabe 11:

Korrekt ist hier A. Schließe zuerst die offensichtlich nicht möglichen Würfel aus und betrachte dann die restlichen zur Auswahl stehenden Würfel. Überlege anschließend weiter und gehe die restlichen Würfel durch, indem du dir den jeweiligen Würfel bildlich vorstellst

Aufgabe 12:

Korrekt ist hier D. Schließe zuerst die offensichtlich nicht möglichen Würfel aus und betrachte dann die restlichen zur Auswahl stehenden Würfel. Überlege anschließend weiter und gehe die restlichen Würfel durch, indem du dir den jeweiligen Würfel bildlich vorstellst

Aufgabe 13:

Korrekt ist hier A. Schließe zuerst die offensichtlich nicht möglichen Würfel aus und betrachte dann die restlichen zur Auswahl stehenden Würfel. Überlege anschließend weiter und gehe die restlichen Würfel durch, indem du dir den jeweiligen Würfel bildlich vorstellst

Aufgabe 14:

Korrekt ist hier A. Schließe zuerst die offensichtlich nicht möglichen Würfel aus und betrachte dann die restlichen zur Auswahl stehenden Würfel. Überlege anschließend weiter und gehe die restlichen Würfel durch, indem du dir den jeweiligen Würfel bildlich vorstellst

Aufgabe 15:

Korrekt ist hier A. Schließe zuerst die offensichtlich nicht möglichen Würfel aus und betrachte dann die restlichen zur Auswahl stehenden Würfel. Überlege anschließend weiter und gehe die restlichen Würfel durch, indem du dir den jeweiligen Würfel bildlich vorstellst

Aufgabe 16:

Korrekt ist hier C. Schließe zuerst die offensichtlich nicht möglichen Würfel aus und betrachte dann die restlichen zur Auswahl stehenden Würfel. Überlege anschließend weiter und gehe die restlichen Würfel durch, indem du dir den jeweiligen Würfel bildlich vorstellst

Aufgabe 17:

Korrekt ist hier A und C.

Aufgabe 18:

Korrekt ist hier D. Schließe zuerst die offensichtlich nicht möglichen Würfel aus und betrachte dann die restlichen zur Auswahl stehenden Würfel. Überlege anschließend weiter und gehe die restlichen Würfel durch, indem du dir den jeweiligen Würfel bildlich vorstellst

Aufgabe 19:

Korrekt ist hier C. Schließe zuerst die offensichtlich nicht möglichen Würfel aus und betrachte dann die restlichen zur Auswahl stehenden Würfel. Überlege anschließend weiter und gehe die restlichen Würfel durch, indem du dir den jeweiligen Würfel bildlich vorstellst

Aufgabe 20:

Korrekt ist hier B. Schließe zuerst die offensichtlich nicht möglichen Würfel aus und betrachte dann die restlichen zur Auswahl stehenden Würfel. Überlege anschließend weiter und gehe die restlichen Würfel durch, indem du dir den jeweiligen Würfel bildlich vorstellst

Selbsteinschätzung

Würfel drehen - Test

Auf dieser Seite kannst du deinen Lernfortschritt dokumentieren. Das hilft dir dabei, deinen Lernfortschritt zu reflektieren und ein Gefühl dafür zu bekommen, wie sicher du in diesem Themenbereich bereits bist.

Die Aufgaben dieses Tests fielen mir leicht.

○ Stimme gar nicht zu — ○ Stimme eher nicht zu — ○ Ich bin neutral — ○ Stimme eher zu — ○ Stimme voll zu

Die Aufgaben, bei denen ich mir sicher war, waren dann auch richtig.

○ Stimme gar nicht zu — ○ Stimme eher nicht zu — ○ Ich bin neutral — ○ Stimme eher zu — ○ Stimme voll zu

Ich habe die Aufgabenstellung immer gut verstanden.

○ Stimme gar nicht zu — ○ Stimme eher nicht zu — ○ Ich bin neutral — ○ Stimme eher zu — ○ Stimme voll zu

Ich war beim Lösen der Aufgaben schnell.

○ Stimme gar nicht zu — ○ Stimme eher nicht zu — ○ Ich bin neutral — ○ Stimme eher zu — ○ Stimme voll zu

Ich habe eine gute Strategie entwickelt, wie ich an die Aufgabe herangehen kann.

○ Stimme gar nicht zu — ○ Stimme eher nicht zu — ○ Ich bin neutral — ○ Stimme eher zu — ○ Stimme voll zu

TestHelden Discord-Community

Schon gewusst? Am besten lernt es sich gemeinsam. Deshalb bieten wir dir die Möglichkeit, dich mit Anderen zu vernetzen. Teile jetzt deine Ergebnisse in unserer Lerngruppe auf Discord und lass uns in den Austausch treten! Schreibe in deine Nachricht einfach das Stichwort "Lernfortschritt" und den Namen des Tests.

Zu unseren Lerngruppen geht es hier:
www.testhelden.com/discord

Übung: Zahnrad

Darum geht es in dieser Übung: In diesem Themenbereich findest du verschiedenen Zahnradaufgaben. Dein Lernziel ist es, dir ein räumliches bzw. abstraktes, logisches Denken anzueignen.

♫ Zu diesem Test findest du Medieninhalte direkt in deinem Online-Kurs.

> Tipp: Wie immer kannst du diese Seite hier nutzen, um dir einige Notizen zu machen. Du kannst zum Beispiel festhalten, welche Erwartungen du an den Test hast, was dir beim Üben aufgefallen ist oder was dir besonders schwer oder leicht gefallen ist.

🚀 Deine Notizen:

Aufgaben

Frage 1:

In welche Richtung dreht sich die letzte Scheibe?

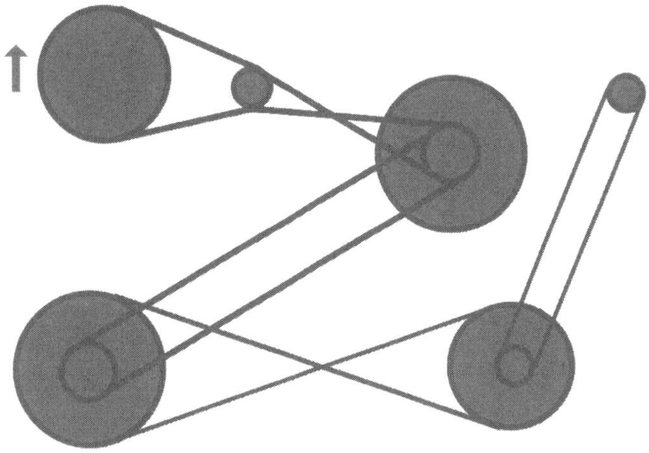

A: im Uhrzeigersinn

B: gegen den Uhrzeigersinn

Frage 2:

In welche Richtung dreht sich das markierte Zahnrad?

A: entgegen dem Uhrzeigersinn

B: gar nicht

C: im Uhrzeigersinn

Frage 3:

In welche Richtung dreht sich das markierte Zahnrad?

A: entgegen dem Uhrzeigersinn

B: gar nicht

C: im Uhrzeigersinn

Frage 4:

In welche Richtung dreht sich die letzte Scheibe?

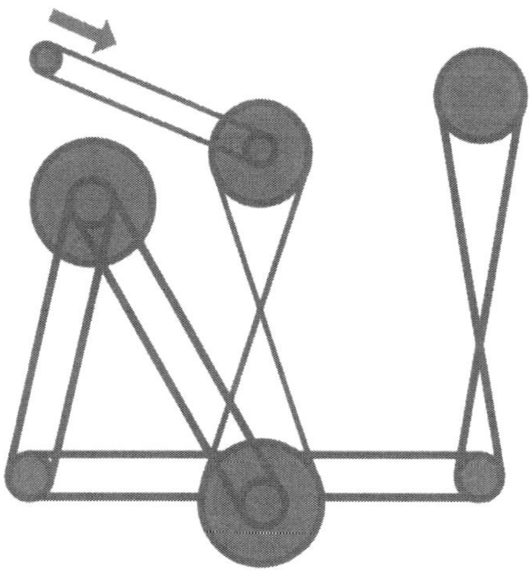

A: im Uhrzeigersinn

B: gegen den Uhrzeigersinn

Frage 5:

In welche Richtung dreht sich die letzte Scheibe?

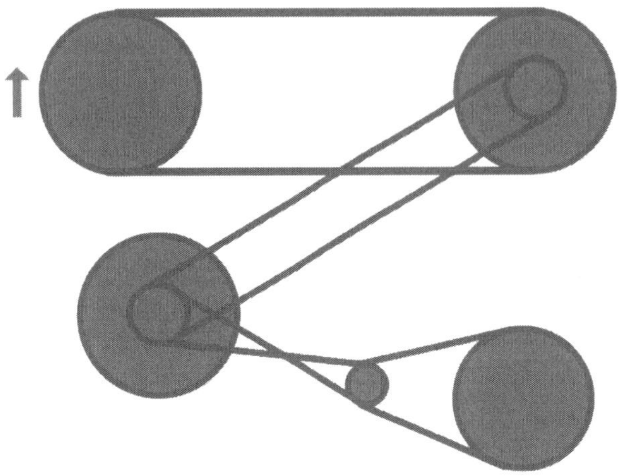

A: im Uhrzeigersinn

B: gegen den Uhrzeigersinn

Frage 6:

In welche Richtung dreht sich das markierte Zahnrad?

A: entgegen dem Uhrzeigersinn

B: gar nicht

C: im Uhrzeigersinn

Frage 7:

Wie viele Scheiben drehen sich gegen den Uhrzeigersinn? Gemeinsame Scheiben zählen als eine Scheibe.

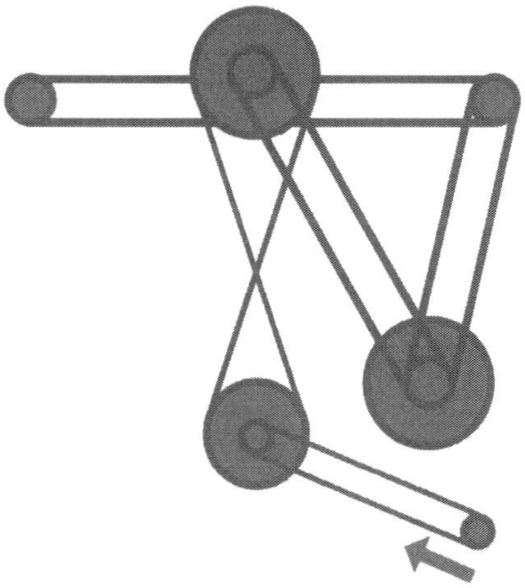

A: 4

B: 5

C: 6

D: 7

Frage 8:

In welche Richtung dreht sich das markierte Zahnrad?

A: entgegen dem Uhrzeigersinn

B: gar nicht

C: im Uhrzeigersinn

Frage 9:

In welche Richtung dreht sich das markierte Zahnrad?

A: entgegen dem Uhrzeigersinn

B: gar nicht

C: im Uhrzeigersinn

Frage 10:

In welche Richtung dreht sich das markierte Zahnrad?

A: entgegen dem Uhrzeigersinn

B: gar nicht

C: im Uhrzeigersinn

Frage 11:

In welche Richtung dreht sich das markierte Zahnrad?

A: entgegen dem Uhrzeigersinn

B: gar nicht

C: im Uhrzeigersinn

Frage 12:

In welche Richtung dreht sich das markierte Zahnrad?

A: entgegen dem Uhrzeigersinn

B: gar nicht

C: im Uhrzeigersinn

Frage 13:

In welche Richtung dreht sich die letzte Scheibe?

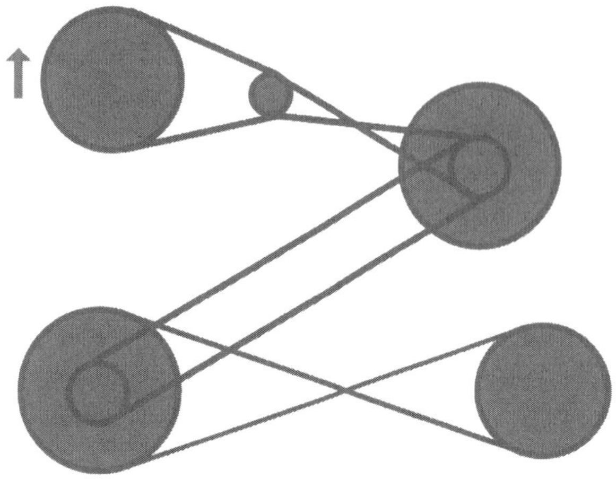

A: im Uhrzeigersinn

B: gegen den Uhrzeigersinn

Frage 14:

In welche Richtung dreht sich das markierte Zahnrad?

A: entgegen dem Uhrzeigersinn

B: gar nicht

C: im Uhrzeigersinn

Frage 15:

In welche Richtung dreht sich das markierte Zahnrad?

A: entgegen dem Uhrzeigersinn

B: gar nicht

C: im Uhrzeigersinn

Frage 16:

In welche Richtung dreht sich die letzte Scheibe?

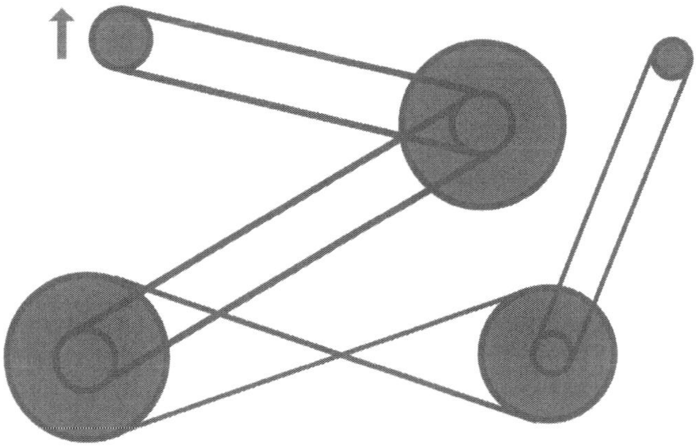

A: im Uhrzeigersinn

B: gegen den Uhrzeigersinn

Frage 17:

In welche Richtung dreht sich das markierte Zahnrad?

A: entgegen dem Uhrzeigersinn

B: gar nicht

C: im Uhrzeigersinn

Frage 18:

In welche Richtung dreht sich das markierte Zahnrad?

A: entgegen dem Uhrzeigersinn

B: gar nicht

C: im Uhrzeigersinn

Frage 19:

In welche Richtung dreht sich die letzte Scheibe?

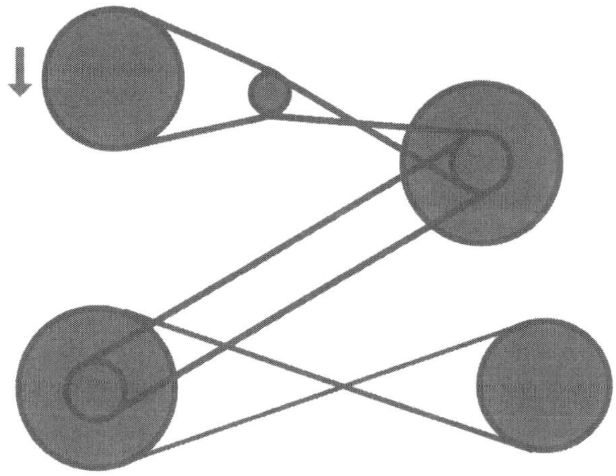

A: im Uhrzeigersinn

B: gegen den Uhrzeigersinn

Frage 20:

In welche Richtung dreht sich die letzte Scheibe?

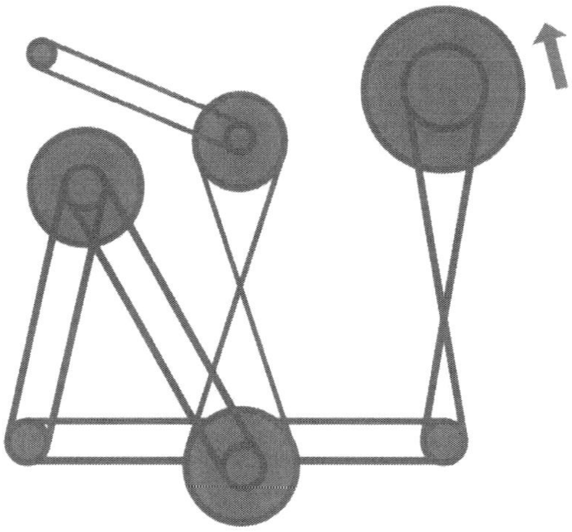

A: im Uhrzeigersinn

B: gegen den Uhrzeigersinn

Lösungen

Aufgabe 1:

Korrekt ist hier A.

Aufgabe 2:

Korrekt ist hier A.

Aufgabe 3:

Korrekt ist hier A.

Aufgabe 4:

Korrekt ist hier A.

Aufgabe 5:

Korrekt ist hier B.

Aufgabe 6:

Korrekt ist hier A.

Aufgabe 7:

Korrekt ist hier A.

Aufgabe 8:

Korrekt ist hier A.

Aufgabe 9:

Korrekt ist hier C.

Aufgabe 10:

Korrekt ist hier A.

Aufgabe 11:

Korrekt ist hier A.

Aufgabe 12:

Korrekt ist hier C.

Aufgabe 13:

Korrekt ist hier A.

Aufgabe 14:

Korrekt ist hier C.

Aufgabe 15:

Korrekt ist hier C.

Aufgabe 16:

Korrekt ist hier B.

Aufgabe 17:

Korrekt ist hier C.

Aufgabe 18:

Korrekt ist hier C.

Aufgabe 19:

Korrekt ist hier B.

Aufgabe 20:

Korrekt ist hier B.

Selbsteinschätzung

Zahnrad - Test

Auf dieser Seite kannst du deinen Lernfortschritt dokumentieren. Das hilft dir dabei, deinen Lernfortschritt zu reflektieren und ein Gefühl dafür zu bekommen, wie sicher du in diesem Themenbereich bereits bist.

Die Aufgaben dieses Tests fielen mir leicht.

○ Stimme gar nicht zu | ○ Stimme eher nicht zu | ○ Ich bin neutral | ○ Stimme eher zu | ○ Stimme voll zu

Die Aufgaben, bei denen ich mir sicher war, waren dann auch richtig.

○ Stimme gar nicht zu | ○ Stimme eher nicht zu | ○ Ich bin neutral | ○ Stimme eher zu | ○ Stimme voll zu

Ich habe die Aufgabenstellung immer gut verstanden.

○ Stimme gar nicht zu | ○ Stimme eher nicht zu | ○ Ich bin neutral | ○ Stimme eher zu | ○ Stimme voll zu

Ich war beim Lösen der Aufgaben schnell.

○ Stimme gar nicht zu | ○ Stimme eher nicht zu | ○ Ich bin neutral | ○ Stimme eher zu | ○ Stimme voll zu

Ich habe eine gute Strategie entwickelt, wie ich an die Aufgabe herangehen kann.

○ Stimme gar nicht zu | ○ Stimme eher nicht zu | ○ Ich bin neutral | ○ Stimme eher zu | ○ Stimme voll zu

TestHelden Discord-Community

Schon gewusst? Am besten lernt es sich gemeinsam. Deshalb bieten wir dir die Möglichkeit, dich mit Anderen zu vernetzen. Teile jetzt deine Ergebnisse in unserer Lerngruppe auf Discord und lass uns in den Austausch treten! Schreibe in deine Nachricht einfach das Stichwort "Lernfortschritt" und den Namen des Tests.

Zu unseren Lerngruppen geht es hier:
www.testhelden.com/discord

Übung: Dominosteine

Darum geht es in dieser Übung: In diesem Themenbereich findest du Aufgaben zum Thema Dominosteine. Dein Lernziel ist es, dein abstraktes, logisches Denkvermögen zu trainieren.

♫ Zu diesem Test findest du Medieninhalte direkt in deinem Online-Kurs.

> Tipp: Wie immer kannst du diese Seite hier nutzen, um dir einige Notizen zu machen. Du kannst zum Beispiel festhalten, welche Erwartungen du an den Test hast, was dir beim Üben aufgefallen ist oder was dir besonders schwer oder leicht gefallen ist.

🚀 Deine Notizen:

Aufgaben

Frage 1:

Welcher Dominostein passt in die Lücke?

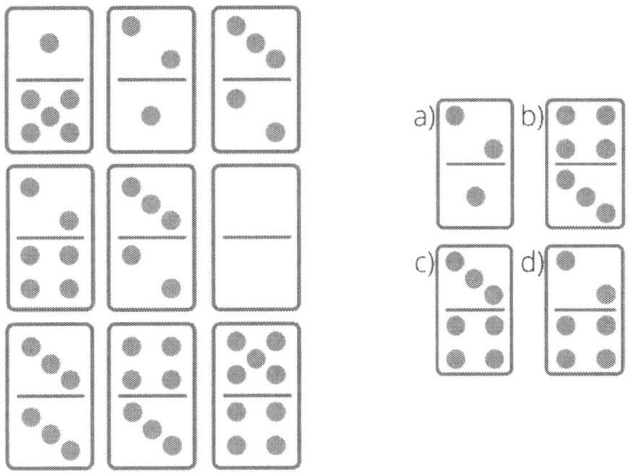

A: Antwort A

B: Antwort B

C: Antwort C

D: Antwort D

Frage 2:

Welcher Dominostein passt in die Lücke?

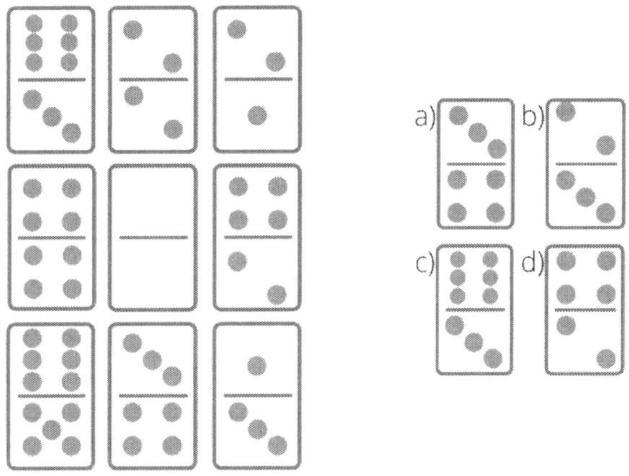

A: Antwort A

B: Antwort B

C: Antwort C

D: Antwort D

Frage 3:

Welcher Dominostein passt in die Lücke?

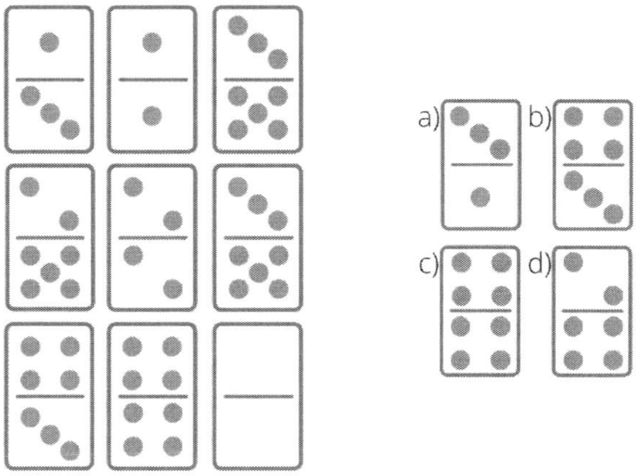

A: Antwort A

B: Antwort B

C: Antwort C

D: Antwort D

Frage 4:

Welcher Dominostein passt in die Lücke?

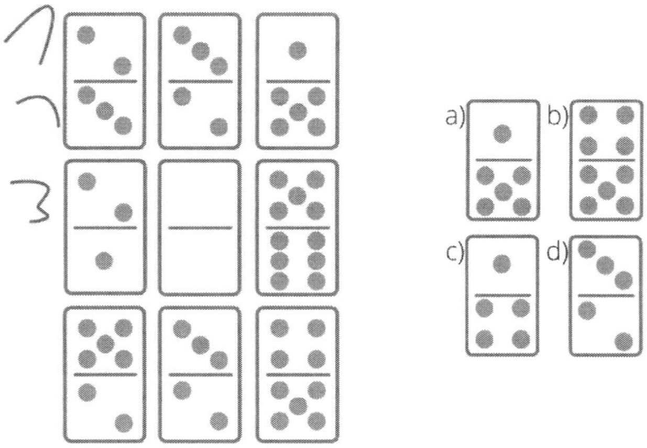

A: Antwort A

B: Antwort B

C: Antwort C

D: Antwort D

Frage 5:

Welcher Dominostein passt in die Lücke?

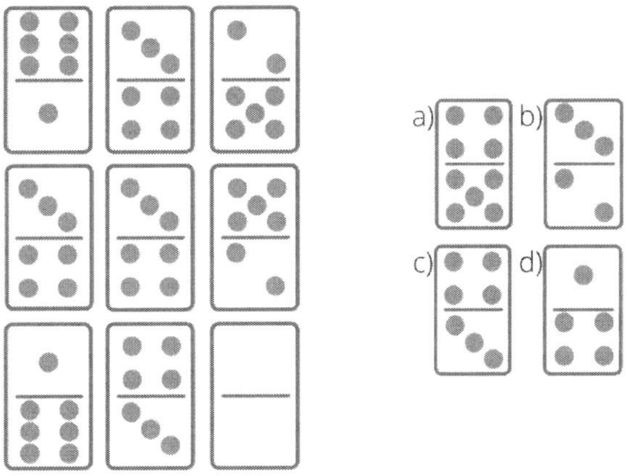

A: Antwort A

B: Antwort B

C: Antwort C

D: Antwort D

Frage 6:

Welcher Dominostein passt in die Lücke?

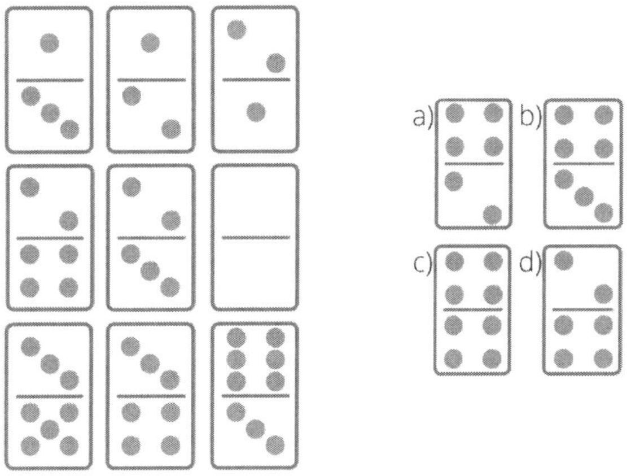

A: Antwort A

B: Antwort B

C: Antwort C

D: Antwort D

Frage 7:

Welcher Dominostein passt in die Lücke?

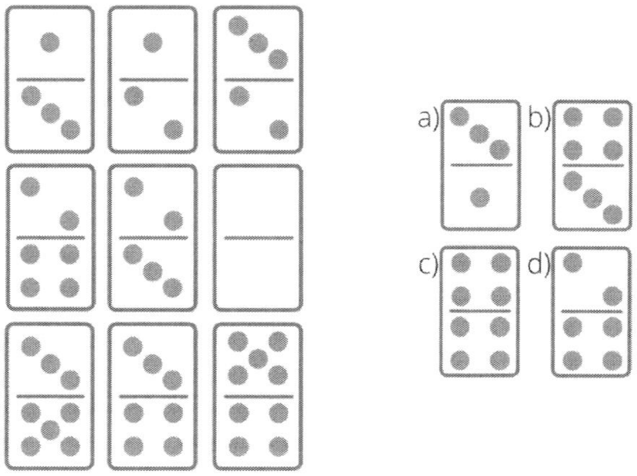

A: Antwort A

B: Antwort B

C: Antwort C

D: Antwort D

Frage 8:

Welcher Dominostein passt in die Lücke?

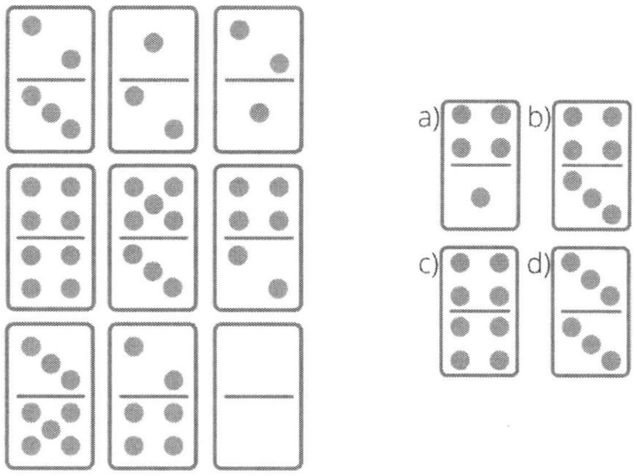

A: Antwort A

B: Antwort B

C: Antwort C

D: Antwort D

Frage 9:

Welcher Dominostein passt in die Lücke?

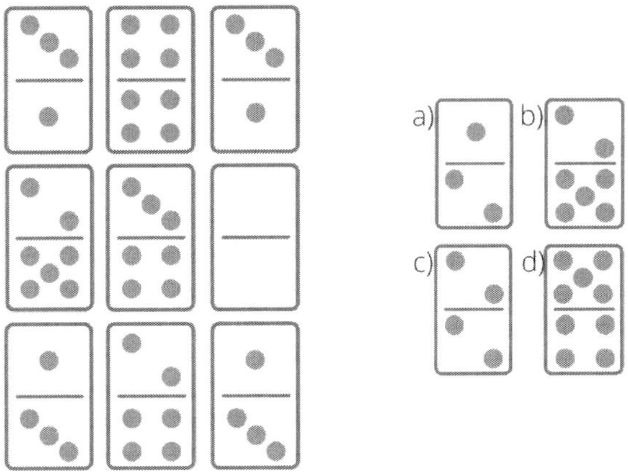

A: Antwort A

B: Antwort B

C: Antwort C

D: Antwort D

Frage 10:

Welcher Dominostein passt in die Lücke?

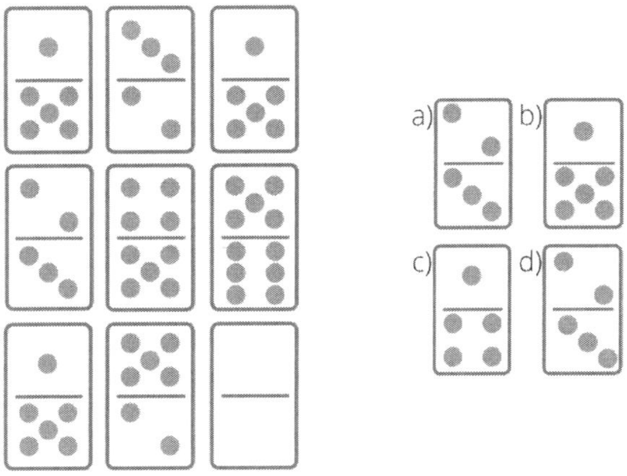

A: Antwort A

B: Antwort B

C: Antwort C

D: Antwort D

Frage 11:

Welcher Dominostein passt in die Lücke?

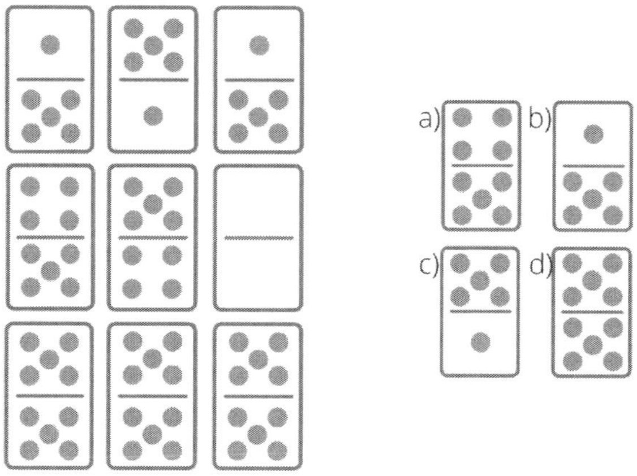

A: Antwort A

B: Antwort B

C: Antwort C

D: Antwort D

Frage 12:

Welcher Dominostein passt in die Lücke?

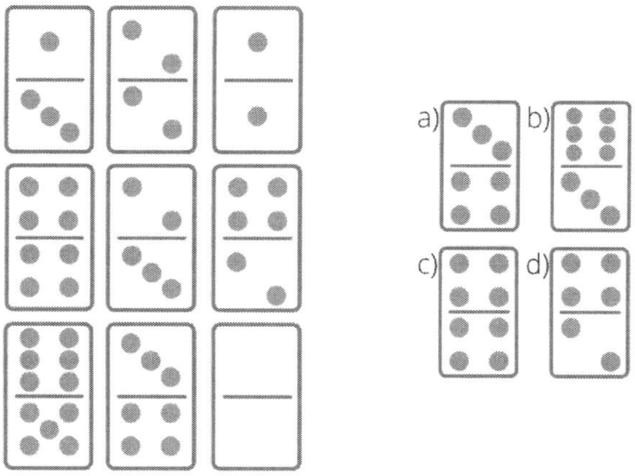

A: Antwort A

B: Antwort B

C: Antwort C

D: Antwort D

Frage 13:

Welcher Dominostein passt in die Lücke?

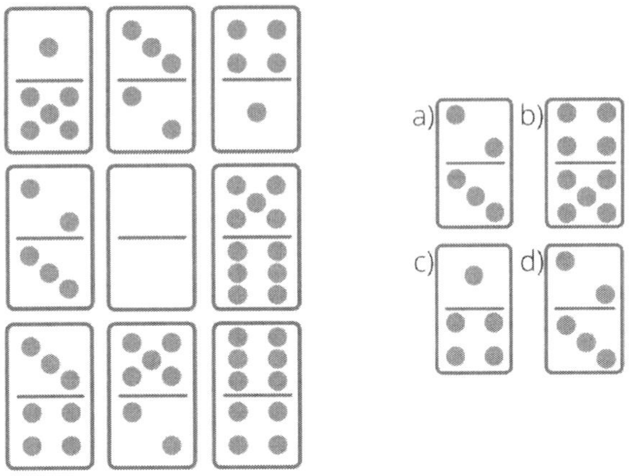

A: Antwort A

B: Antwort B

C: Antwort C

D: Antwort D

Frage 14:

Welcher Dominostein passt in die Lücke?

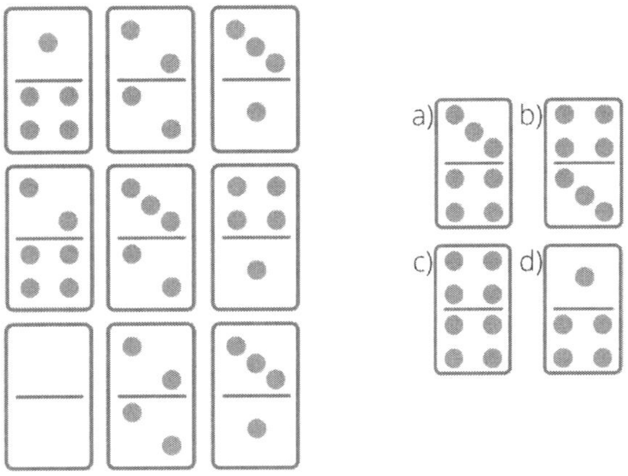

A: Antwort A

B: Antwort B

C: Antwort C

D: Antwort D

Frage 15:

Welcher Dominostein passt in die Lücke?

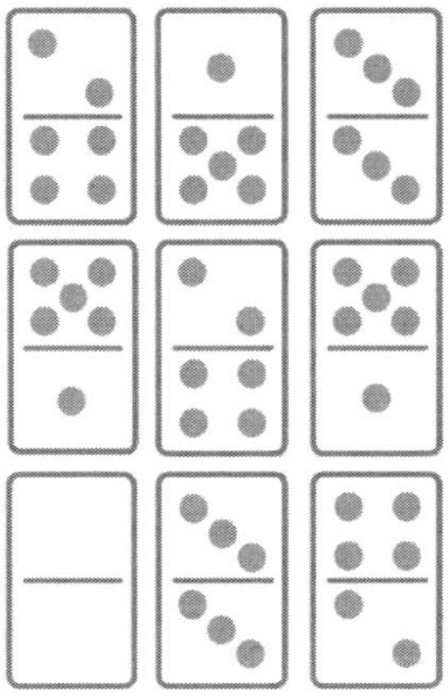

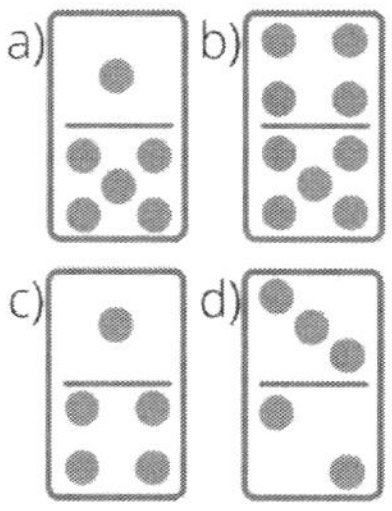

A: Antwort A

B: Antwort B

C: Antwort C

D: Antwort D

Frage 16:

Welcher Dominostein passt in die Lücke?

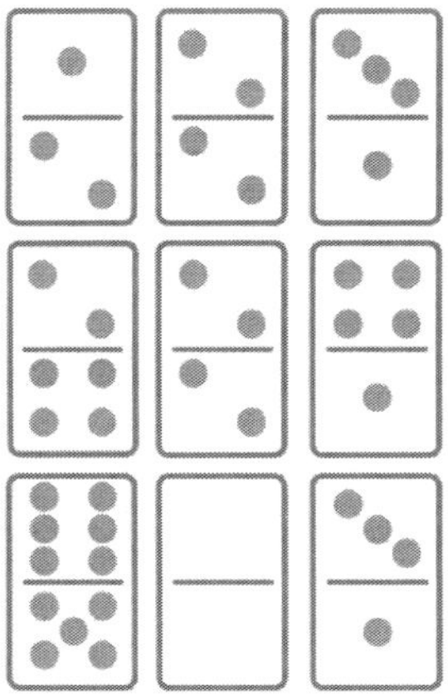

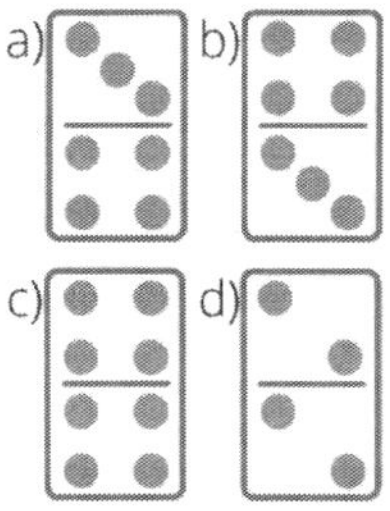

A: Antwort A

B: Antwort B

C: Antwort C

D: Antwort D

Frage 17:

Welcher Dominostein passt in die Lücke?

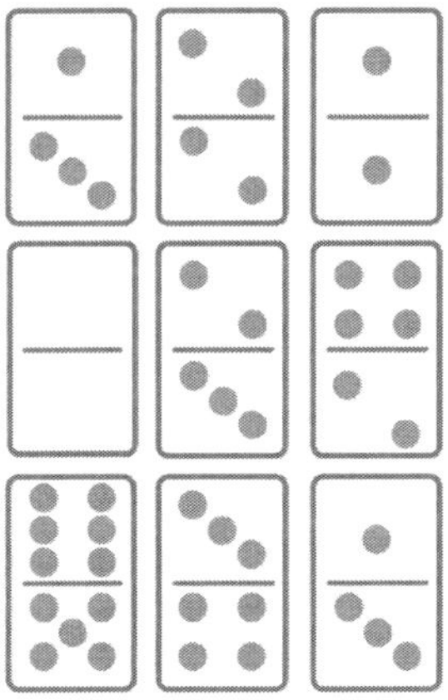

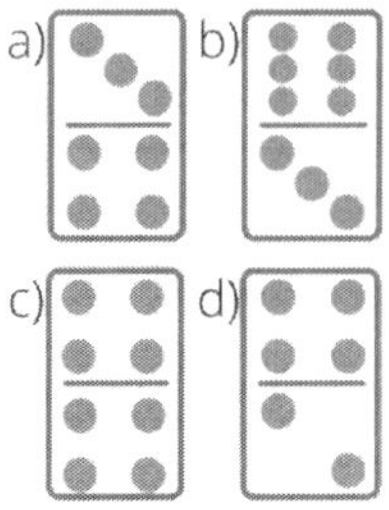

A: Antwort A

B: Antwort B

C: Antwort C

D: Antwort D

Frage 18:

Welcher Dominostein passt in die Lücke?

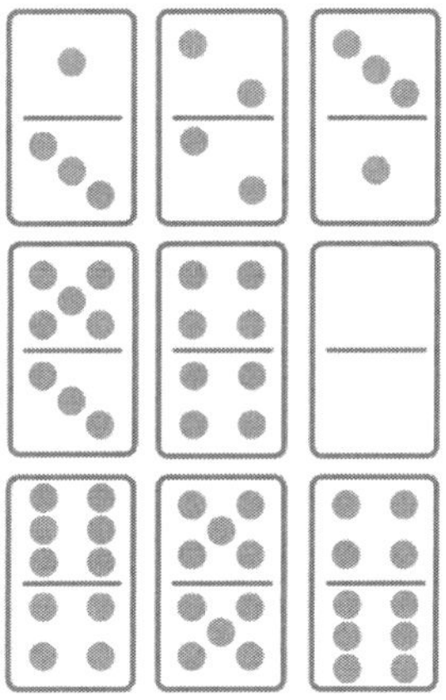

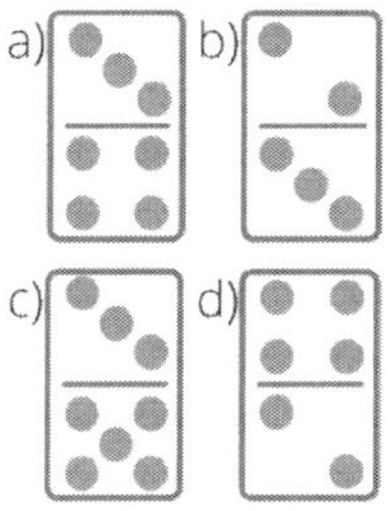

A: Antwort A

B: Antwort B

C: Antwort C

D: Antwort D

Frage 19:

Welcher Dominostein passt in die Lücke?

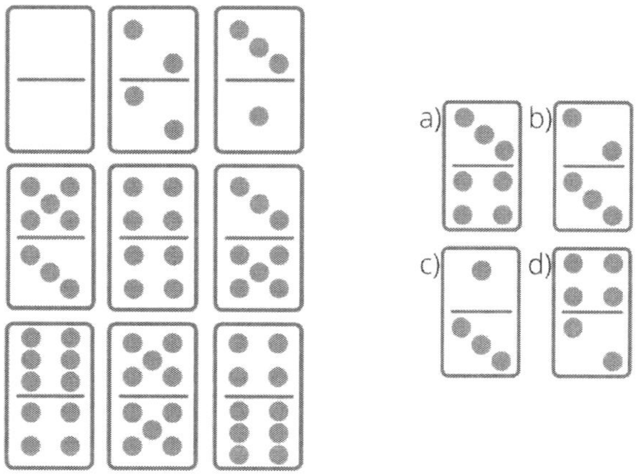

A: Antwort A

B: Antwort B

C: Antwort C

D: Antwort D

Frage 20:

Welcher Dominostein passt in die Lücke?

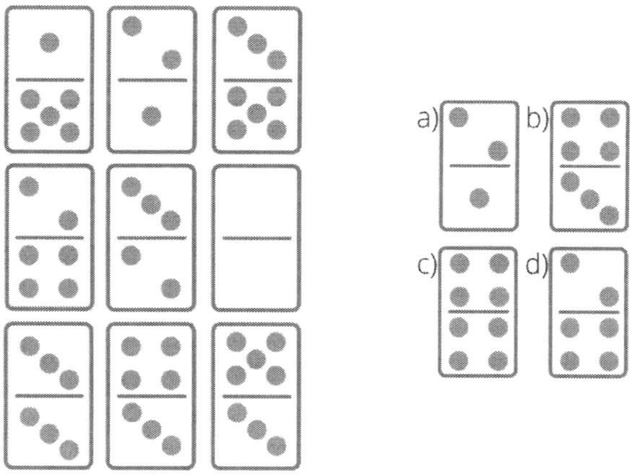

A: Antwort A

B: Antwort B

C: Antwort C

D: Antwort D

Lösungen

Aufgabe 1:

Korrekt ist hier B.

Aufgabe 2:

Korrekt ist hier B. Die Dominosteine sind in drei Reihen angeordnet. In jeder Reihe gibt es zwei Zusammenhänge: Die oberere Hälfte der Steine in jeder Reihe ergbit in Summe 10. Bei der unteren Hälfte aller Steine einer Reihe kannst du sehen, dass von links nach rechts immer ein Punkt abgezogen wird. Der gesuchte Stein muss also oben zwei Punkte haben, damit sich die Summe 10 ergbit. Unten muss er drei Punkte haben, damit von links nach rechts die Punkte weniger werden.

Aufgabe 3:

Korrekt ist hier A.

Aufgabe 4:

Korrekt ist hier D. Schau dir die mittlere Spalte an. Alle Steine haben hier die selben Augenpaare, nämlich 3 und 2. Deshalb hat auch der gesuchte Stein die Kombination 3 und 2.

Aufgabe 5:

💡 Lösungshilfe:
Berechne die Summe jedes Steins, um die Lösung zu finden!

Korrekt ist hier C. Die Summe jedes Steins ergibt 7. Da der Stein bei Bild C ebenfalls die Summe 7 besitzt, muss dieser Stein der gesuchte Stein sein.

Aufgabe 6:

Korrekt ist hier A.

Aufgabe 7:

Korrekt ist hier B.

Aufgabe 8:

Korrekt ist hier D.

Aufgabe 9:

Korrekt ist hier B.

Aufgabe 10:

Korrekt ist hier B.

Aufgabe 11:

Korrekt ist hier A.

Aufgabe 12:

Korrekt ist hier B.

Aufgabe 13:

Korrekt ist hier B.

Aufgabe 14:

Korrekt ist hier D.

Aufgabe 15:

Korrekt ist hier A.

Aufgabe 16:

Korrekt ist hier D. Die mittlere Spalte der Steine besteht ausschließlich aus Steinen, die zwei Mal zwei Punkte haben. Entsprechend hat auch der fehlende Stein zwei Mal zwei Punkte. Lösung D ist deshalb richtig.

Aufgabe 17:

Korrekt ist hier C.

Aufgabe 18:

Korrekt ist hier C.

Aufgabe 19:

Korrekt ist hier C.

Aufgabe 20:

Korrekt ist hier C.

Selbsteinschätzung

Dominosteine - Test

Auf dieser Seite kannst du deinen Lernfortschritt dokumentieren. Das hilft dir dabei, deinen Lernfortschritt zu reflektieren und ein Gefühl dafür zu bekommen, wie sicher du in diesem Themenbereich bereits bist.

Die Aufgaben dieses Tests fielen mir leicht.

○ Stimme gar nicht zu ○ Stimme eher nicht zu ○ Ich bin neutral ○ Stimme eher zu ○ Stimme voll zu

Die Aufgaben, bei denen ich mir sicher war, waren dann auch richtig.

○ Stimme gar nicht zu ○ Stimme eher nicht zu ○ Ich bin neutral ○ Stimme eher zu ○ Stimme voll zu

Ich habe die Aufgabenstellung immer gut verstanden.

○ Stimme gar nicht zu ○ Stimme eher nicht zu ○ Ich bin neutral ○ Stimme eher zu ○ Stimme voll zu

Ich war beim Lösen der Aufgaben schnell.

○ Stimme gar nicht zu ○ Stimme eher nicht zu ○ Ich bin neutral ○ Stimme eher zu ○ Stimme voll zu

Ich habe eine gute Strategie entwickelt, wie ich an die Aufgabe herangehen kann.

○ Stimme gar nicht zu ○ Stimme eher nicht zu ○ Ich bin neutral ○ Stimme eher zu ○ Stimme voll zu

Übung: Flächen zählen

Darum geht es in dieser Übung: In diesem Themenbereich werden dir verschiedenen, dreidimensionale Formen gegeben, bei denen du die Flächen zählen musst. Dein Lernziel ist es, dir ein räumliches Denkvermögen und eine gründliche Arbeitsweise anzueignen. Beachte bitte, dass unsichtbare Flächen zusammenhängend sein können. Diese Flächen werden dann als genau eine Fläche gezählt. Häufig wird auch die Grundfläche vergessen - achte also darauf, dass du auch diese in deiner Berechnung beachtest.

♫ Zu diesem Test findest du Medieninhalte direkt in deinem Online-Kurs.

> Tipp: Wie immer kannst du diese Seite hier nutzen, um dir einige Notizen zu machen. Du kannst zum Beispiel festhalten, welche Erwartungen du an den Test hast, was dir beim Üben aufgefallen ist oder was dir besonders schwer oder leicht gefallen ist.

🚀 Deine Notizen:

Aufgaben

Frage 1:

Wie viele Flächen hat die gezeigte Figur? Bitte bedenke, dass nicht alle Flächen auf dem Bild sichtbar sein müssen. Manche Flächen wären erst sichtbar, wenn man die Figur dreht oder kippt.

Deine Lösung:

____

Frage 2:

Wie viele Flächen hat diese Figur? Bitte bedenke, dass nicht alle Flächen auf dem Bild sichtbar sein müssen. Manche Flächen wären erst sichtbar, wenn man die Figur dreht oder kippt.

Deine Lösung:

____

Frage 3:

Wie viele Flächen hat die gezeigte Figur? Bitte bedenke, dass nicht alle Flächen auf dem Bild sichtbar sein müssen. Manche Flächen wären erst sichtbar, wenn man die Figur dreht oder kippt.

Deine Lösung:

____

Frage 4:

Wie viele Flächen hat diese Figur? Bitte bedenke, dass nicht alle Flächen auf dem Bild sichtbar sein müssen. Manche Flächen wären erst sichtbar, wenn man die Figur dreht oder kippt.

Deine Lösung:

____

Frage 5:

Wie viele Flächen hat diese Figur? Bitte bedenke, dass nicht alle Flächen auf dem Bild sichtbar sein müssen. Manche Flächen wären erst sichtbar, wenn man die Figur dreht oder kippt.

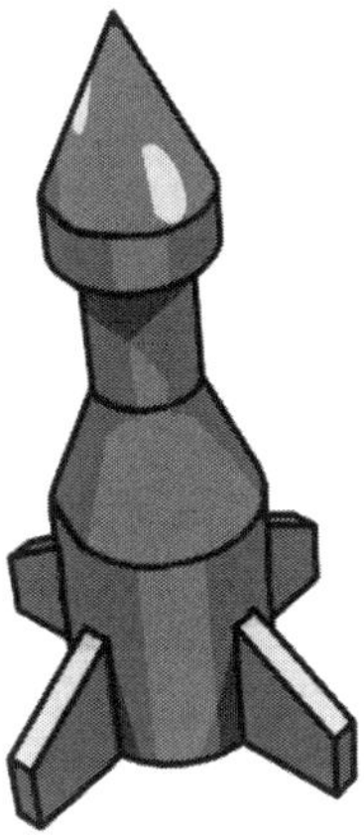

Deine Lösung:

✎ ______________

Frage 6:

Wie viele Flächen hat die gezeigte Figur? Bitte bedenke, dass nicht alle Flächen auf dem Bild sichtbar sein müssen. Manche Flächen wären erst sichtbar, wenn man die Figur dreht oder kippt.

Deine Lösung:

✎ ______________

Frage 7:

Wie viele Flächen hat diese Figur? Bitte bedenke, dass nicht alle Flächen auf dem Bild sichtbar sein müssen. Manche Flächen wären erst sichtbar, wenn man die Figur dreht oder kippt.

Deine Lösung:

✎ ______________

Frage 8:

Wie viele Flächen hat die gezeigte Figur? Bitte bedenke, dass nicht alle Flächen auf dem Bild sichtbar sein müssen. Manche Flächen wären erst sichtbar, wenn man die Figur dreht oder kippt.

Deine Lösung:

✎ ______________

Frage 9:

Wie viele Flächen hat diese Figur? Bitte bedenke, dass nicht alle Flächen auf dem Bild sichtbar sein müssen. Manche Flächen wären erst sichtbar, wenn man die Figur dreht oder kippt.

Deine Lösung:

✎ ____________

Frage 10:

Wie viele Flächen hat diese Figur? Bitte bedenke, dass nicht alle Flächen auf dem Bild sichtbar sein müssen. Manche Flächen wären erst sichtbar, wenn man die Figur dreht oder kippt.

Deine Lösung:

✎ ____________

Frage 11:

Wie viele Flächen hat diese Figur? Bitte bedenke, dass nicht alle Flächen auf dem Bild sichtbar sein müssen. Manche Flächen wären erst sichtbar, wenn man die Figur dreht oder kippt.

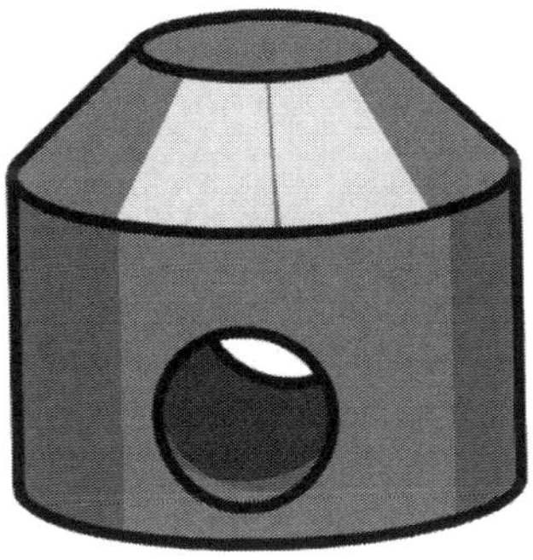

Deine Lösung:

____

Frage 12:

Wie viele Flächen hat die gezeigte Figur? Bitte bedenke, dass nicht alle Flächen auf dem Bild sichtbar sein müssen. Manche Flächen wären erst sichtbar, wenn man die Figur dreht oder kippt.

Deine Lösung:

____

Frage 13:

Wie viele Flächen hat die gezeigte Figur? Bitte bedenke, dass nicht alle Flächen auf dem Bild sichtbar sein müssen. Manche Flächen wären erst sichtbar, wenn man die Figur dreht oder kippt.

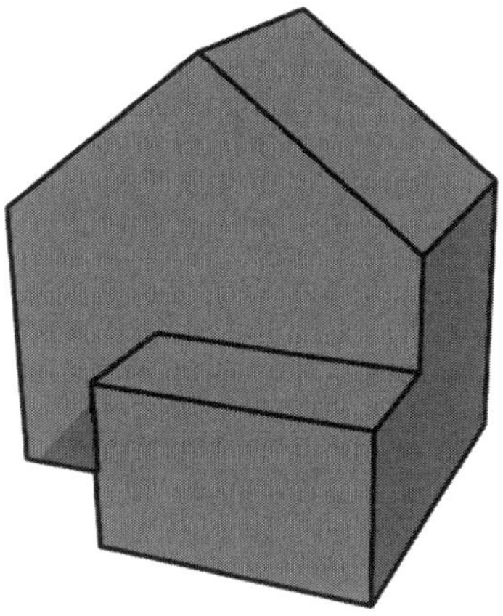

Deine Lösung:

✎ ____________

Frage 14:

Wie viele Flächen hat die gezeigte Figur? Bitte bedenke, dass nicht alle Flächen auf dem Bild sichtbar sein müssen. Manche Flächen wären erst sichtbar, wenn man die Figur dreht oder kippt.

Deine Lösung:

✎ ____________

Frage 15:

Wie viele Flächen hat die gezeigte Figur? Bitte bedenke, dass nicht alle Flächen auf dem Bild sichtbar sein müssen. Manche Flächen wären erst sichtbar, wenn man die Figur dreht oder kippt.

Deine Lösung:

____

Frage 16:

Wie viele Flächen hat diese Figur? Bitte bedenke, dass nicht alle Flächen auf dem Bild sichtbar sein müssen. Manche Flächen wären erst sichtbar, wenn man die Figur dreht oder kippt.

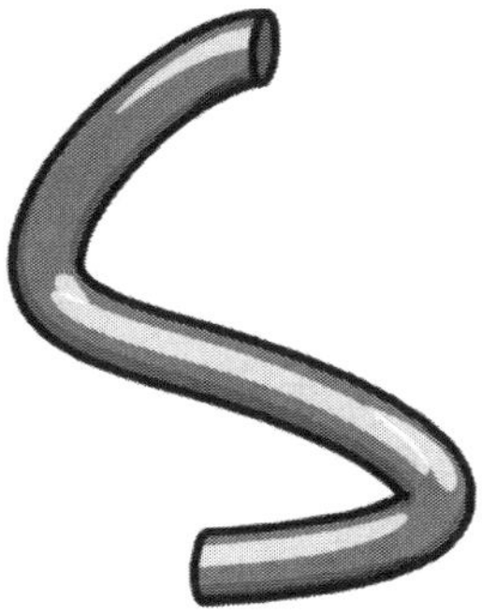

Deine Lösung:

____

Frage 17:

Wie viele Flächen hat diese Figur? Bitte bedenke, dass nicht alle Flächen auf dem Bild sichtbar sein müssen. Manche Flächen wären erst sichtbar, wenn man die Figur dreht oder kippt.

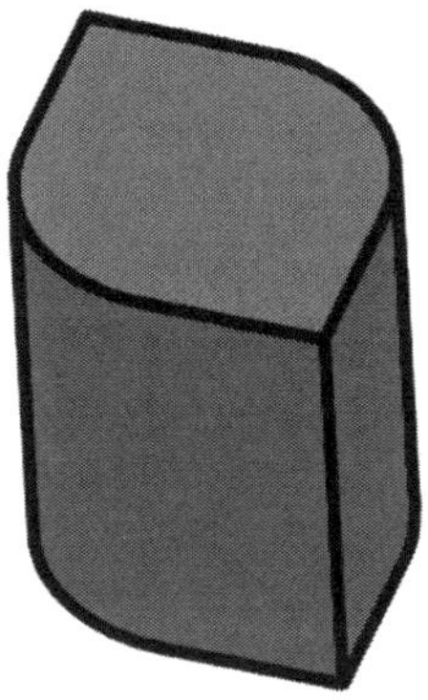

Deine Lösung:

____

Frage 18:

Wie viele Flächen hat die gezeigte Figur? Bitte bedenke, dass nicht alle Flächen auf dem Bild sichtbar sein müssen. Manche Flächen wären erst sichtbar, wenn man die Figur dreht oder kippt.

Deine Lösung:

____

Frage 19:

Wie viele Flächen hat die gezeigte Figur? Bitte bedenke, dass nicht alle Flächen auf dem Bild sichtbar sein müssen. Manche Flächen wären erst sichtbar, wenn man die Figur dreht oder kippt.

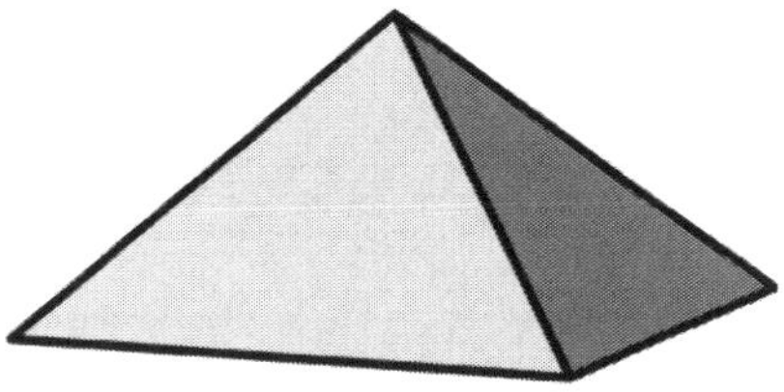

Deine Lösung:

____

Frage 20:

Wie viele Flächen hat diese Figur? Bitte bedenke, dass nicht alle Flächen auf dem Bild sichtbar sein müssen. Manche Flächen wären erst sichtbar, wenn man die Figur dreht oder kippt.

Deine Lösung:

____

Lösungen

Aufgabe 1:

💡 Lösungshilfe:
Zähle die sauber getrennten Flächen. Bedenke, dass einige Flächen unsichtbar sein können. Beachte außerdem: Manche Flächen hängen direkt zusammen und gelten entsprechend als eine Fläche.
Die richtige Antwort ist: 8

Aufgabe 2:
Die richtige Antwort ist: 43

Aufgabe 3:
Die richtige Antwort ist: 11

Aufgabe 4:

Korrekt ist hier 14. Richtig ist: 14. Die Figur hat eine Vorder- und eine Rückseite. Oben, unten, links und rechts befinden sich an der Figur 12 Flächen. Das ergibt 14 Flächen.

Aufgabe 5:
Die richtige Antwort ist: 23

Aufgabe 6:
Die richtige Antwort ist: 12

Aufgabe 7:
Die richtige Antwort ist: 8

Aufgabe 8:
Die richtige Antwort ist: 4

Aufgabe 9:
Die richtige Antwort ist: 18

Aufgabe 10:

Korrekt ist hier 11. Die Unterseite der Rakete bildet eine große gemeinsame Fläche, die sich über beide Flügel und den Kreis in der Mitte erstreckt. Deshalb hat die Rakete 11 Flächen.

Aufgabe 11:
Die richtige Antwort ist: 5

Aufgabe 12:
Die richtige Antwort ist: 14

Aufgabe 13:
Die richtige Antwort ist: 10

Aufgabe 14:
Die richtige Antwort ist: 13

Aufgabe 15:

Korrekt ist hier 12. Die Figur hat folgende Flächen:

1. abgeschrägte Fläche oben ("Kirchturm")
2. vertikale Fläche oben mittig
3. horizontale Fläche oben rechts
4. große Rückseite
5. große Vorderseite
6. Seitenfläche links
7. Seitenfläche rechts
8. vordere Fläche des kleinen Quaders
9. Seitenfläche des kleinen Quaders rechts
10. Seitenfläche des kleinen Quaders links
11. Deckenfläche des Quaders
12. große Grundfläche

Aufgabe 16:
Die richtige Antwort ist: 3

Aufgabe 17:
Die richtige Antwort ist: 4

Aufgabe 18:
Die richtige Antwort ist: 10

Aufgabe 19:

Korrekt ist hier 5. Die richtige Antwort ist 5. Du siehst hier eine Pyramide mit einer quadratischen Grundfläche. Das es eine quadratische Fläche ist kannst du daran erkennen, dass auf dem Bild vorne rechts ein rechter Winkel zu sehen ist.
Die Pyramide hat oben 4 Seiten (vorne, hinten, links, rechts).
Hinzu kommt dann noch eine Fläche auf der Unterseite der Pyramide.

Aufgabe 20:

Korrekt ist hier 7. Diese Flächen lassen sich hier zählen:
Fläche 1: horizontale Fläche ganz oben auf dem Objekt
Fläche 2: Seitenfläche
Fläche 3: horizontale Fläche
Fläche 4: Seitenfläche
Fläche 5: horizontale Fläche
Fläche 6: Seitenfläche
Fläche 7: Bodenfläche ganz unten am Objekt

Selbsteinschätzung

Flächen zählen - Test

Auf dieser Seite kannst du deinen Lernfortschritt dokumentieren. Das hilft dir dabei, deinen Lernfortschritt zu reflektieren und ein Gefühl dafür zu bekommen, wie sicher du in diesem Themenbereich bereits bist.

Die Aufgaben dieses Tests fielen mir leicht.

○ Stimme gar nicht zu – ○ Stimme eher nicht zu – ○ Ich bin neutral – ○ Stimme eher zu – ○ Stimme voll zu

Die Aufgaben, bei denen ich mir sicher war, waren dann auch richtig.

○ Stimme gar nicht zu – ○ Stimme eher nicht zu – ○ Ich bin neutral – ○ Stimme eher zu – ○ Stimme voll zu

Ich habe die Aufgabenstellung immer gut verstanden.

○ Stimme gar nicht zu – ○ Stimme eher nicht zu – ○ Ich bin neutral – ○ Stimme eher zu – ○ Stimme voll zu

Ich war beim Lösen der Aufgaben schnell.

○ Stimme gar nicht zu – ○ Stimme eher nicht zu – ○ Ich bin neutral – ○ Stimme eher zu – ○ Stimme voll zu

Ich habe eine gute Strategie entwickelt, wie ich an die Aufgabe herangehen kann.

○ Stimme gar nicht zu – ○ Stimme eher nicht zu – ○ Ich bin neutral – ○ Stimme eher zu – ○ Stimme voll zu

TestHelden Discord-Community

Schon gewusst? Am besten lernt es sich gemeinsam. Deshalb bieten wir dir die Möglichkeit, dich mit Anderen zu vernetzen. Teile jetzt deine Ergebnisse in unserer Lerngruppe auf Discord und lass uns in den Austausch treten! Schreibe in deine Nachricht einfach das Stichwort "Lernfortschritt" und den Namen des Tests.

Zu unseren Lerngruppen geht es hier:
www.testhelden.com/discord

So schaltest du deinen Online-Testtrainer frei

Wir von TestHelden versuchen dich so umfangreich wie möglich vorzubereiten. Neben diesem Trainer wollen wir dir natürlich auch digital und ganz individuell weiterhelfen! Und genau dafür haben wir unsere Online-Trainer. Die Freischaltung deines ganz persönlichen TestHelden-Trainers erkläre ich dir jetzt:

Du erhältst von uns einen Gutscheincode. Dieser ist für alle Produktgrößen einlösbar. Anschließend kannst du dir den Umfang deines Online-Testtrainers heraussuchen.

Dein Gutscheincode lautet:

KDP-LOKF-624-23415

Gutscheinwert:

45 EURO

Deinen persönlichen Kurs findest du unter:
https://testhelden.com/produkt/lokfuehrer-einstellungstest/

Wichtig: Gehe in deinem Browser auf den oben stehenden Link. Dort findest du unseren Online-Testtrainer mit allen verfügbaren Varianten und Umfängen. Das vorausgewählte Komplettpaket ist mit Eingabe deines Gutschein-Codes komplett kostenfrei. Du hast auch die Möglichkeit, vergünstigt ein größeres Paket mit weiteren Inhalten, Aufgaben und Übungen zu erwerben. Eine genaue Übersicht vom Umfang erhältst du mit Klick auf das jeweilige Paket. Wähle anschließend das für dich am besten geeignete Komplettpaket aus und klicke auf „Freischalten“. Danach kannst du oben in der Kasse den Gutscheincode eingeben und der Gutscheinbetrag wird von deinem Kaufbetrag abgezogen. So kommst du richtig günstig an ein hochwertiges Paket. Klingt gut, oder?

Gib nun deine E-Mail-Adresse, Vor- und Nachname an und lege dein Passwort fest. Mit Klick auf „Bestellen“ erfolgt direkt die Freischaltung und du bist auf unserer Lernplattform angemeldet.
Deine Lerninhalte findest du in deinem Profil unter „Meine Kurse“. Nach der erfolgreichen Aktivierung deines Online-Trainers erhältst du von uns weitere Informationen zum Funktionsumfang und zur Bedienung via Mail.

Achtung: Dein festgelegtes Passwort und die hinterlegte E-Mail-Adresse sind auch deine Zugangsdaten zu unserer TestHelden-App. Diese findest du im App-Store und im Google Play-Store, wenn du ganz einfach nach „TestHelden“ suchst.

Dein Buch umfasst mehr als einen Kurs? Dann such dir einen beliebigen Kurs aus und melde dich danach bei uns unter support@testhelden.com. Wir schalten dir dann alle weiteren Kurse frei. Bitte gib in deiner Nachricht den genauen Titel des Buches an. Bis gleich!

Printed in Poland
by Amazon Fulfillment
Poland Sp. z o.o., Wrocław

50461010R00138